「年金問題」は嘘ばかり

ダマされて損をしないための必須知識

高橋洋一
Takahashi Yoichi

PHP新書

「年金問題」は嘘ばかり

目次

第2章
「日本の年金制度がつぶれない」これだけの理由

第3章 年金に「消費税」は必要ない

第4章 欠陥品「厚生年金基金」がつぶれたのは当然だった

第5章 利権の温床GPIFは不必要かつ大間違い

第6章 「歳入庁」をつくれば多くの問題が一挙に解決する

第7章

年金商品の選び方は、「税金」と「手数料」がポイント

プロローグ　「年金が危ない」と強調して「得をする」のは誰だ？

財務省の人びとすら年金を十分に理解できていない

「本当に年金をもらえるのだろうか」――あなたは、そんな心配をしていないでしょうか。

実際に、そういう心配をしている人はたくさんいます。様々なメディアが「将来、年金制度が維持できると思いますか」などという世論調査をすると、八割から九割の人が「不安を感じる」と答えることが多いようです。

では、本当に現在の日本の年金制度は「危ない」のでしょうか。

それを考える前提として、こういう問いかけをしたら、皆さんはどのようにお答えになるでしょうか？

「あなたは年金の仕組みや制度について理解していますか？」

おそらく、「よくわからない」と答える方が多いはずです。

それは無理もありません。私は財務省で勤務をしてきましたが、財務省の中でさえ、年金制度を本当にわかっていた人がどれほどいたか、まことに覚束《おぼつか》ない状況なのですから。

実は私は大学時代、理学部数学科に学んでいましたので、年金数理・保険数理のこともある程度は理解することができました。卒業するときには、厚生省（現・厚生労働省）から「年金数理官になりませんか」というお誘いもありました。

年金数理官は、数学のプロが就く専門職です。年金数理や保険数理とは、確率や統計学などを駆使して、年金や保険のあり方を設計したり検証したりするものです。高度な数理的知識が必要になりますから、やはり数学を専門に学んでいないと、なかなか太刀打ちできません。

私は結局、大蔵省（現・財務省）に入省しましたが、入省してみると省内には驚くほど年金数理に詳しい人がいませんでした。自然と、年金関係の仕事が私によく回ってくることになり、大蔵省の中では「髙橋は年金数理の専門家だ」と思われていたころもありました。

財務省ですらそのような状況なのですから、他は推して知るべしです。国策を決定していくべき政治家の中でも、わかっている方は少ないのではないでしょうか。

でも、安心してください。本書では、難しい年金数理の話を抜きに、年金の原理や制度のあり方、またその真実について、わかりやすく解説していきます。私はもともと数式で理解していますので、ご理解いただきやすいようにデフォルメするのは、若干、良心の呵責《かしゃく》を感じる部分もありますが、本書を読めば、少なくとも、怪しげな言説に惑わされないための「常識」は身につけていただけるはずです。

さて、年金制度について理解していないのに、どうして皆さんは、「年金をもらえないのではないか」「年金制度は危ないのではないか」「破綻《はたん》するのではないか」などと思ってしまっているのでしょうか?

それは、年金への不安をあおるメディアや政治家が多いからでしょう。これだけ「危ない、危ない」と連呼されれば、心配になるのは無理もありません。年金について国会審議がなされると、野党はすぐに「年金カット法案」などとレッテル貼りをして猛反対し、メディアも盛んに「年金が危ない」「破綻する」などと騒ぎ立てるのですから。

では、年金は本当に危ないのでしょうか。

最初に答えをいってしまえば、「きちんと制度運用していれば、大丈夫」です。もちろんメチャクチャな制度改悪や経済政策運営をすれば別ですが、現状の制度をきちんと運用すれば、「破綻だ」などと大げさに悲観する必要はないのです。それがなぜかについては、もちろん本書で説明していきます。

にもかかわらず、なぜ日本では「年金が危ない」という議論ばかりが百出するのでしょうか。

「年金が危ない」はまさに「打ち出の小槌」

ここで、少し「いじわる」な見方をしてみましょう――「年金が危ない」ということを強調することで「得になる」人は誰か？　ということです。

まず、財務省や厚労省も「年金が危ない」という主張がまかり通っていたほうが「お得」です。財務省は消費税の増税を目指していますが、増税を実現するためには「社会保障」への不安が高まっているに越したことはありません。一方、厚労省にとっては、「年金」は大きな利権や天下り先の源泉になっています。もし、「安心」などと必要以上に唱えてしまったら、その「うまみ」を削られかねません（各々、その他の理由もありますが、それは本書の中で見ていきましょう）。

金融機関も「年金が危ない」という常識が世の中で通用していたほうが仕事がしやすくなります。たしかに、公的な年金はあくまで「基礎的」な部分であって、老後への備えはそれぞれに進めておく必要がありますが、しかし、「公的年金が危ない」と多くの人が思ってくれていたら、投資や年金保険などの様々な商品は、さらに売りやすくなります。となると、金融機関系のエコノミストたちもまたも、その利害から完全に自由になることは難しいことでしょう。

新聞や雑誌、ウェブなどといったメディアでは、年金のように暮らしのお金に直結するテーマについては、ファイナンシャル・プランナーが記事を執筆することも多いですが、彼らも「年金は危ない」と多くの人に思っていてもらったほうが好都合です。ファイナンシャル・プランナーは暮らしの資金設計をしてくれる方々ですが、やはり、何らかの不安があったほうが、相談者は増えるはずです。

政治家たちからすれば、年金は「不安をあおりたてて票を稼げる」、もってこいの材料です。国政選挙のときなどに有権者にアンケートをとると、どれほどその時に安全保障的な事件や、政治改革などが話題になっていても、一番の関心は「年金」だったりします。しかも、広く一般に「年金不安」が叫ばれていますから、特に野党としては政府与党を攻撃するために、もっとも使いやすく効果的なカードになるのです。

もちろんメディアにとっても、年金は「おいしい」話題です。年金は、将来のことでもありますし、自分の老後の生活に直接大きく関わることです。それゆえ、多くの人びとが高い関心を持っています。しかも日本では、「少子高齢化」はすでに常識になっていますから、少し不安をあおれば、視聴者や読者はビンビン反応します。視聴率を稼いだり、新聞や本を売ったりしなければいけないメディアにとっては、まさに、今挙げたような財務省、厚労省、金融機関、ファイナンシャル・プランナー、さらに野党政治家の「年金が危ない」などといった主張は、まさに「打ち出の小槌」です。それを論拠に「年金の危機」を打ち上げさえすれば、多くの人びとに買ってもらえたり視聴してもらえたりするのですから。

こう見てくると、情報発信側の多くの人びとにとっては、「年金危機をあおったほうが得」になる構図があることが見えてきます。

もちろん、だからといって、それぞれが悪意に基づいて動いているとは思いません。しかし、そういう背景があれば、ややもすれば必要以上に「危ない」「破綻」などという解釈や表現ばかりが多くなる可能性があります。たとえ悪意がなくとも結果的に、年金問題にまつわる言説の多くが「嘘ばかり」という状況にもなりかねないのです。

年金について「三つのポイント」を知っていることが大切

こういう状況ですから、きちんとした知識を持っていないと、メディアの情報に惑《まど》わされて、不安ばかり強くなってしまいます。年金について正しい知識を身につけなければ、結果として、「大きな損」すらしかねません。何より、必要以上の不安に苛《さいな》まれつつ日々を送るなど、実にバカげています。

そうはいっても、「年金は難しい」と思って、知識を持つことをあきらめてしまう人もいることでしょう。しかし、年金の仕組みはそれほど難しいものではありません。

制度が入り組んで複雑化していることは事実ですが、本来は、きわめてシンプルな仕組みです。ポイントさえ押さえておけば、年金については誰でも理解できます。おかしな情報に惑わされないために、年金についての基本的なことを知っておきましょう。

細部にこだわってしまうと、年金のことがわからなくなりますので、本書では、細かい話や難しい話はできるだけ省いて、根幹の部分をお伝えできればと思っています。「年金ってこんな仕組みなのか」という「勘所《かんどころ》」をつかんでおくことが一番大事です。

年金については、次の三つを知っているだけでかなりの部分を押さえられます。

・年金は「保険」である
・「四〇年間払った保険料」と「二〇年間で受け取る年金」の額がほぼ同じ
・「ねんきん定期便」は国からのレシート

まず、第一に根幹となるのは、「年金は保険である」ということです。年金とは、正確にいえば「年金保険」です。皆さんが納めているのは、国民年金「保険料」、厚生年金「保険料」。民間の個人年金に入っている人も、納めているのは「保険料」です。

ところが一般には、「年金が〝保険〟である」ということは、あまり理解されていないのではないでしょうか。「年金は老後の生活を保障するものではないか」と思っている方が多いと思います。

もちろん「年金」に、老後の生活を保障する最低限のものという性格があることは確かです。しかしその本質は、あくまで「保険」なのです。

「保険」というからには、「何かに備えてのもの」ということになります。生命保険であれば、不測の死に対しての保険、自動車保険ならば自動車事故への保険、火災・地震保険ならば火事や地震の被害への保険です。

では「年金保険」とは、何についての保険なのか。答えは、「長生きした場合」に備えての保険ということになります。

年金が保険であることがどういうことかは、これから追って説明していきますが、このことを理解すると、年金についての多くのことが、一本の線でつながってきます。逆にいえば、このことがわからないと、とんでもない勘違いをしかねません。

二番目の項目は、年金の金銭面についてです。「自分は年金をいくらもらえるのかわからない」という人が多いと思いますが、「四〇年間払った保険料と、二〇年間で受け取る年金の額がほぼ同じ」ということを知っているだけで、自分の公的年金の受給額がアバウトに計算できます。

「毎月どのくらい年金をもらえそうか」を概算でわかっていないと、老後にいかに備えるべきか、という対応をとることができません。「月々七万円」もらえる場合と、「月々二〇万円」もらえる場合では、とるべき対応が変わってきます。

およその年金額を計算したうえで、「公的年金だけでは老後の生活に足りない」と思う人は、老後に備えてプラスアルファのお金のことを考えておく必要があります。

三番目の項目は、「ねんきん定期便」についてです。

「ねんきん定期便なんて、何のために必要なんだろう。こんなもの送ってこなくてもいいのに」と思っている人もいると思います。もしかすると、「どうせ、『消えた年金問題』が騒がれたので、言い訳か何かのために出しているものなんだろう」などと考えて、ロクに見ないで捨てている人もいるかもしれません。

ちなみに、「消えた年金問題」というのは、二〇〇七年に大きく騒がれたものです。社会保険庁が年金記録について、ずさんな管理をしていたことが発覚したのです。入力ミスや、結婚後の名前の変更、転職などの際の手続きミスなどが頻発していて、国民年金など公的年金保険料において納付記録漏れが発生していました。基礎年金番号に統合・整理されていない記録が約五〇〇〇万件もあることがわかり、国民の大きな怒りを招くこととなりました。

このことが「年金への不信感」を大きく高めたことも事実ですし、これが大きな要因となって、自民党政権から民主党（当時）政権へと政権交代が行なわれることになりました。

話を戻しますが、実は「ねんきん定期便」はたんなる「言い訳」などではありません。かなり重要な役割を果たしています。つまり、これは、国から発行された「レシート」にあたるものなのです。

会社員の人は、給料から年金保険料を天引きされていて、天引き額が書かれた給与明細を受け取っていると思いますが、これはあくまで会社が発行しているレシートでしかありません。一番重要なものは、国がきちっと年金保険料を受け取ったかどうかを証明するもの、すなわち「国から発行されたレシート」なのです。

「ねんきん定期便」には、将来受け取る年金の見込み金額も書かれています。現在までの納付状況によって計算されたものですが、ある程度の額をつかむことができます。「ねんきん定期便」は、けっこう役に立ちます。

こうした三つのポイントを知っておくだけでも、年金についてかなりのことが理解できます。年金の根幹となる仕組みをよく理解していないと、「年金は大丈夫だろうか」と不安ばかり募ります。しかし、年金の根幹となる部分を理解しておけば、枝葉の情報に惑わされて、ぐらつくことはなくなります。本当に重大な問題で不安になるのならともかく、枝葉の部分で不安になるのは、バカバカしいことです。

次の第1章では、この「三つのポイント」を詳しく説明しましょう。

本書によって年金の「勘所」をつかんでいただいて、「年金問題の嘘」がどこにあって本当に大切なことは何かをご理解いただき、不必要な不安を解消していただければ、とても嬉しく思います。

第1章

これだけで年金がほぼわかる「三つのポイント」

「保険」とは、どういうものか

プロローグで述べたように、年金は次の三つのポイントを押さえておくと、かなりのことが理解できます。

- 年金は「保険」である
- 「四〇年間払った保険料」と「二〇年間で受け取る年金」の額がほぼ同じ
- 「ねんきん定期便」は国からのレシート

本章では、この三つのポイントを順番に説明していきます。

一番根幹になるのは、年金は「保険」であるということです。

「年金は、福祉である」と思っている人はたくさんいますが、年金の本質は、「年金保険」という「保険」なのです。

では、「保険」とはどういうものでしょうか。

健康保険について考えてもらうとわかりやすいと思います。健康保険に入っている人は、毎月保険料を納めます。病気になって医者に行ったときには、本人負担分以外は健康保険で支払ってもらえます。

では、病気にならなければ、どうなるでしょうか。会社員の方々は健康保険を天引きされているはずですから、あまり意識されていないかもしれませんが、ちょっと考えればおわかりいただけるはずです。そう、もし病気にならなかったら、支払った健康保険の保険料は、丸々損失となるのです。

つまり、健康保険は完全な「掛け捨て」保険です。さらにいえば、若い人の場合は、病気になる人が少ないですから、毎年払っている健康保険料はほぼ全額掛け捨てです。

「病気になった場合は、保険から治療費を負担してもらえる。しかし、病気にならなかった場合は、丸々損をする」――それが健康保険です。

もちろん、病気にならないほうがいいに決まっていますし、また、不必要なお金も払わないほうがいいに決まっています。絶対に「病気にならない」のなら、健康保険に入らないほうが損をしなくて済むでしょう。

しかし人間は、いつ病気になるかわかりません。そのときに治療費を払えなくなってしまったら、まさに悲劇です。ですから、そのときのために健康保険があるのです。

つまり、発想としては、「病気にならなかった人のお金で、病気になった人を保障するのが『健康保険』である」ということになります。

〈健康保険の仕組み〉
・病気になった人――→病気にならなかった人のお金で保険給付を受ける
・病気にならなかった人――→保険料は掛け捨てになる

年金は長生きした人が得をする「保険」

ならば年金とは、いかなる保険なのでしょうか。

ひと言でいえば、公的年金は「長く生きた人を保障する保険」です。

どうやって保障するかというと、「早く死んでしまった人」の保険料を、「長生きした人」に渡して保障するのです。

六五歳が支給開始年齢である場合、それに達しないで早く亡くなってしまった方は、申し訳ないのですが、保険料を支払うだけで終わりです。年金支給開始年齢までに死んでしまうと、お金を一円ももらえません。遺族には「遺族年金」というものが出ますが、亡くなってしまった本人は残念ながら一円も受け取ることができません。完全な「掛け捨て」です。あるいは、六六歳で亡くなってしまった方の場合は、一年だけしかもらえません。

しかし、一〇〇歳まで生きられたら、三五年間にわたってお金をもらうことができます。保険というのはそういう仕組みです。

つまり、年金保険は、無条件に保障する制度ではなく、「長生きしたら保障する」という制度だということです。平均寿命より若くして亡くなった人は損をします。その分を平均寿命より長生きした人に渡します。早死にした人が、長生きした人を支える仕組みです。


〈公的年金保険の仕組み〉
- 長生きした人──▶年金をもらう（生涯）
- 早死にした人──▶掛け捨て（一部、遺族年金）

自分が早死にするのか、長生きするのかは予測不能です。ひょっとしたら、早死にしてしまうかもしれませんし、もしかすると自分が思っていた以上に長生きするかもしれません。

長生きしても、ずっと働ける人は自分で生活費を稼ぎ出せます。しかし、老齢になってくれば、体調の問題や肉体の衰えもありますから、いつ働けなくなるかわかりません。働けなくなったら、生活費を稼ぐことができなくなります。そうなったら、死ぬしかないのか？

そんな社会であったら、長生きすることは「リスク」でしかなくなります。まるで、「リアル姥捨て山」のような悲惨な状況になってしまいます。

そういうリスクをカバーするために、保険があります。長生きしたときに備えておくための保険が年金です。

一般的に「リスク」は「危険」と訳されますが、「わからない」という意味で「リスク」という言葉が使われています。自分は長生きするかもしれないし、長生きしないかもしれない。長生きしたときには、申し訳ないけれども早く亡くなった方の保険料を年金としていただいて生活しましょう、というのが年金保険です。

「年金保険」と「死亡保険」は、どう違うのか

それに対して、世の中には「死亡保険」というものもあります。「生命保険」という呼称のほうが通りがいいかもしれませんが、つまりは、早く死んでしまったときに備える保険です。死亡保険は、万が一、若くして不測の死を迎えてしまった場合に、遺族に保険金が下り

るかたちとなります。

この保険についてては、あまり説明は要さないでしょう。年金保険のような長寿の場合とは逆に、若くして亡くなってしまった場合、特に扶養する家族がいる場合などは、残された家族が大いに困ってしまいます。自分が死んでしまったがために、残された家族が路頭に迷うようなことがあってはいけない。子供たちに、お金がないから進学できないなどといった苦境に陥ってほしくない。それに備えるために掛けておくのが「死亡保険（生命保険）」です。

「年金保険」の場合は、早くなくなった方が支払った保険料が、長生きした方に支払われるかたちでした。一方、「死亡保険」の場合は、無事に満期まで生きることができた人が支払った保険料が、亡くなった人の遺族に支払われることになります。

普通に考えれば、「死亡保険」の場合、満期である六〇歳前後まで存命する人のほうが圧倒的多数です。逆に、満期までに亡くなる人の数は、圧倒的に少なくなります。

そのため、支払う保険料に対して、万が一の場合にもらえる保障額は多額になります。満期まで生きのびた人が支払った保険料を、亡くなった人の遺族に支払うのですから。ざっくりいって、毎月一万円程度を四〇年ほど支払うだけで、つまり「一万円×十二カ月×四〇年」＝四八〇万円程度を支払うだけで、亡くなった場合に数千万円もらえたり、終身保障が付いたりする保険商品が、世の中に数多く出回っているのは、そのためです。「年金保険」と「死亡保険」の違いをまとめてみると、

年金保険＝長生きする？　わからない（リスク）
死亡保険＝早死にする？　わからない（リスク）

ということになるでしょう。長生きした場合に備えておくのが、「年金保険」。死亡した場合の遺族の生活のために備えておくのが「死亡保険（生命保険）」です。

こうした保険の仕組みをわかっていれば、「国が無条件に老後を保障してくれるもの」「年金は福祉である」というイメージが変わってくるのではないかと思います。年金保険は、自分たちの出した保険料を分け合う仕組みです。ある条件の下でもらえる「保険」であって、一律にもらえるものではない、ということです。

保険は「掛け金」によって「保障額」が変わる

年金はすべて「保険」です。公的年金も、私的年金も同じです。

私的年金とは、企業年金、確定拠出年金、個人年金（保険会社や投資信託会社、証券会社などが販売している「年金保険」商品など）が一般的でしょう。私的年金の中には貯蓄性の高い年金もありますが、あくまでも「保険」です。年金は、どこからどう切り取っても「保険」でしかありません。

保険は掛け金を支払っておくことによって、いざというときに保障を受け取るものです。では、どのくらいの保障を受けられるのでしょうか。

保険の原理では、掛け捨てになる人が多ければ、保障額は大きくなります。先ほどお話ししたように、「死亡保険」の場合、大半の人は死亡せずに生き延びて、その人たちが支払った分が亡くなった人の遺族に給付されますので、保障額は大きくなります。反対に、掛け捨て部分が少ない保険商品は、保障額が小さくなります。

ちなみに、このような「掛け捨ての部分」と「保障額」のバランスがどのようになるかを精密に計算しなければ、とてもではありませんが保険の仕組みはつくれません。確率・統計の考え方や手法を駆使して、このような計算をしていくのが、保険数理の世界です。

プロローグで、大学時代に理学部数学科で学んでいた私が、卒業するときに厚生省から「年金数理官になりませんか」と誘われた話をご紹介しましたが、それは、保険数理がそのような世界だからなのです。

そのような保険数理の細かい計算は横に置いておくことにして、導き出される結論を単純にまとめれば、次のようになります。

〈保険の原理〉

- 「掛け捨て」部分が大きい──→保障額が大きい
- 「掛け捨て」部分が小さい──→保障額が小さい

同じ保険に入る人の場合、掛け金の額によって保障額が変わります。掛け金をたくさん出した人は、保障額が多くなり、掛け金の少ない人は保障額が少なくなります。年金も「保険」ですから、納めた保険料が多い人は、将来受け取る保障額が多くなり、納めた保険料が少ない人は受け取る保障額が少なくなります。

〈保険の原理〉

- 保険料を多く納めた人──→保障額（年金）多い

・保険料を少し納めた人→保障額（年金）少ない
・保険料を納めなかった人→保障（年金）なし（公的保険は例外あり）

公的年金には、保険料を払わず年金をもらえる例外がある

国の公的年金について、「こんなに年金が少ないのか。これでは生活していけない。国は何をやっているんだ」と批判する人がいます。しかし、保険原理からいえば答えは単純です。受け取る保障額が少ないのは、納めた保険料が少ないからです。

二〇一六年十一月に、年金の受給資格を得るために必要な保険料の納付期間を二五年から一〇年に短縮する改正年金機能強化法が国会で成立しました（二〇一七年八月施行）。つまり、これまでは年金を二五年払っていなければもらえなかったものを、一〇年支払っていれば受給資格があるように変更したのです（先に説明した、「消えた年金問題」への対処としての意味あいがあります）。

この場合、四〇年以上保険料を納めた人と一〇年しか保険料を納めていない人が、ともに年金をもらえることになります。しかし、この両者は、納めた保険料の総額が違います。一〇年しか保険料を納めていない人は、納めた保険料が少ないので、受け取れる額も少なくな

ります。「こんな額では生活していけない」と思うかもしれませんが、保険料負担額が少ないと年金給付額も少なくなってしまうのです。

保険原理に基づいて考えれば、現役時代に納める保険料の負担をなるべく抑えようとすれば、それに連動して、老齢になって受け取る年金額も低くなります。また、原則的には、保険料を納めなかった人は年金をもらえません。

しかし、公的保険の場合は例外があります。日本の場合、所得が低くて保険料を納めることができない人には、保険料免除の制度があります。また、第3号被保険者も、保険料を納める必要がありません。

第3号被保険者という言葉を聞き慣れない人もいらっしゃることでしょう。日本の国民年金では、加入者は三種類に分けてられています。日本年金機構の用語解説に従えば、次のような定義になります。

- **第1号被保険者**：二〇歳以上六〇歳未満の自営業者・農業者とその家族、学生、無職の人等、第2号被保険者、第3号被保険者でない者
- **第2号被保険者**：民間会社員や公務員など厚生年金の加入者（この人たちは、厚生年金

の加入者であると同時に、国民年金の加入者にもなります）

・**第3号被保険者**：厚生年金に加入している第2号被保険者に扶養されている二〇歳以上六〇歳未満の配偶者（年収が一定金額未満の人）

つまり、第3号被保険者とは、簡単にいってしまえば「サラリーマンや公務員の配偶者で年収が一定金額未満の人（わかりやすい例が専業主婦〈主夫〉）」ということです。

なぜ、そのようになっているかといえば、日本の国が、「低所得者や専業主婦（主夫）は、社会全体として支えるべき存在である」という考え方をとっているからです。その考え方に基づき、このような方々の分の国民年金の保険料は、その他の第1号被保険者や第2号被保険者が肩代わりしたり、国庫から負担金を出すことによって支えているのです。

また、歴史をさかのぼるならば、保険料を納めなくても年金を受け取れる場合は、ほかにもありました。それは、国民皆年金制度発足当初に、すでに受給資格のある高齢者だった方々です。さすがにこのような高齢者に対して、「あなたは保険料を払っていないので、給付しません」というわけにはいきませんでした。当時の高齢者は、保険料を払っていなくても、年金を受け取ることができたのです。

しかし、それらのケースは特例であり、基本的には、納めた保険料の額に連動して、老後に受け取れる年金額が決まっています。いうまでもありませんが、民間の私的保険は、保険料を納めない人には、支給はありません。

「国民年金は未納率が四割」のカラクリ

ここで、少し話は逸れますが、ぜひ指摘しておきたいことがあります。よく、「国民年金は未納率が四割もあるから危ない。破綻する」などといった言い方をする人がいます。しかし、図1を見ると、そのイメージがずいぶん違っていることがわかります。

平成二十六年に、公的年金加入対象者は六七二一万人でした。それに対して未納者は約二二四万人、未加入者は約九万人です。本当に支払っていない人は「(二二四万人＋九万人)÷六七二一万人＝三％」、つまり約三％しかいないのです。

では、なぜ「未納率四割」などという数字が出てくるのか。それは免除されている第3号被保険者(九三二万人)や、第1号被保険者の中の「免除者(三八〇万人)」「学特・猶予者(二二二万人)※在学中の保険料納付の猶予申請をした人」なども足し込んでいるからです。

たしかにそのような方々も「未納」ということには違いないのですが、しかし、制度上、

図1　公的年金制度全体の状況

◉公的年金加入対象者全体で見ると、約97%の者が保険料を納付(免除及び納付猶予を含む)
◉未納者(注1)は約224万人、未加入者(注2)は約9万人(公的年金加入対象者の約3%)

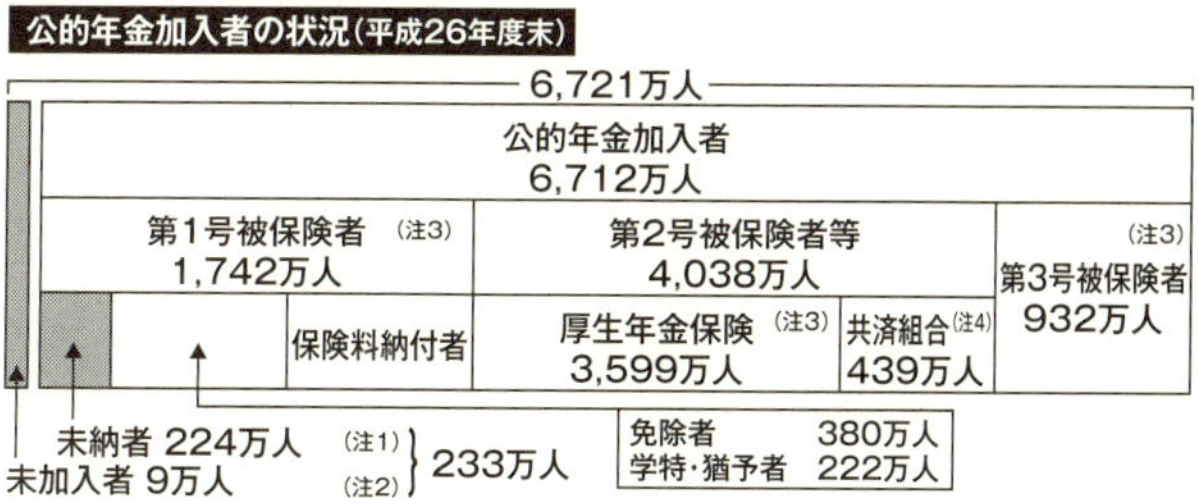

注1)未納者とは、24カ月(平成25年4月～27年3月)の保険料が未納となっている者。
2)従来は公的年金加入状況等調査の結果を踏まえた数値を掲記していたが、平成19年度及び平成22年度に未加入者の調査を実施しなかったため、平成16年度までの結果に基づき線形按分した平成19年度の数値を仮置きしている。
3)平成27年3月末現在。第1号被保険者には、任意加入被保険者(24万人)が含まれている。
4)平成26年3月末現在。
5)上記の数値は、それぞれ四捨五入しているため合計とは一致しない場合がある。
6)平成27年3月末現在、第2号被保険者、第3号被保険者である者の中には、平成25年4月～27年3月の間に第1号被保険者であった者で未納期間を有する者が含まれている。
(http://www.mhlw.go.jp/file/04-Houdouhappyou-12512000-Nenkinkyoku-Jigyoukanrika/0000089760.pdf)

特例として保険金の免除を認められている人まで「未納」に加えて、「未納率が低くて大変」だと騒ぎ立てるのは、少しどうかと思わざるをえません。

もちろん、制度上免除されている人は、保険数理の計算にしっかり組み込まれているわけです。それを除いた未納者が全体で数%であれば、年金数理上、大きな影響を与えません。

財務省は「年金は保険」と知られぬほうが都合いい

このように見てくれば、年金が「福祉」ではなく、「保険」であることは、もはやはっきりしてきたことでしょう。

社会保障は、およそ次のように分けられています。

社会保険（年金、医療、介護）
社会福祉（障害者福祉、母子福祉など）
公的扶助（生活保護）
保健医療・公衆衛生
その他

年金は、「社会福祉」のカテゴリーではなく、「社会保険」のカテゴリーです。にもかかわらず、年金が福祉であるかのように誤解されているのは、「年金が保険である」という情報がなかなか表に出てこないことも影響しているだろうと思います。

プロローグでも簡単に触れましたが、「年金が保険であるという認識が広がるとマズい」と思っている人たちがいます。たとえば、消費税を上げたいと思っている財務官僚たちです。

「社会保障費が大変だから、消費税を上げるしかない」というのが財務官僚の主張です。

年金が保険であることを知られると、「保険なら、保険料を上げればいいじゃないか。消費税は関係ないじゃないか」という、まっとうな意見が出てきてしまいます。もし、そんな意見が国民のあいだで広がれば、消費税を増税しにくくなります。

しかも、保険料を管轄するのは厚労省であって財務省ではありませんから、財務省からすると、自分のシマ（＝なわばり）を増やすことにはつながりません。自分のシマを拡大したい財務省からすれば、まったく意味のないことになってしまいます。ですから、年金が保険であることになるべく触れないようにして、「消費税を上げないかぎり、年金は破綻する」と思ってもらったほうが都合がいいのです。

一方、「年金は（保険ではなく）福祉だ」と誤解してもらえれば、「福祉は税金でやるものだ。福祉のためには消費税増税もやむをえない」と思ってもらえます。そうすれば、消費税の増税がしやすくなって、自分のシマを拡大させていくことができます。

経済界は「保険金負担」を増やしたくない

財務省ばかりではありません。経済界も、「年金が保険であること」を知られないほうが都合がいいのです。

経済界が「保険料を引き上げられるのは嫌だ」と考えるのは、日本の会社員や公務員の場合、年金の保険料は労使折半だからです。つまり、このような勤労者の保険料（国民年金＋厚生年金）の半分は、雇用者側（会社なり国・自治体なり）が支払っているのです。

ですから、保険料が上げられると、会社の負担が増えてしまいます。当然、会社の経営者側からすれば、負担増を避けるために、「保険料を上げるのではなく、消費税増税でやってくれ」と思いたくなっても不思議はありません。

しかし、これはつまり、現行制度では会社が払うことになっている保険料を、広く社会一般の側に転嫁するということを意味します。しかも、税金の中でも、とりわけ消費税を充てることにしたら、より貧乏な方々のほうに「しわ寄せ」がいくかたちになります。所得税は、「金持ちに厚く、貧乏人には薄い」という累進制度をとっていますが、消費税は金持ちにも貧乏人にもあまり差異なくかかる税金だからです。

こんなことが広く知れわたったら、「消費税ではなく、保険料を上げるべきだ」という声が強くなりかねません。繰り返しますが、そうなると、消費税を増税したいと思っている財務省や、保険料負担を上げたくないと思っている経済界などにとっては、あまり好ましくない状況になってしまいます。

だからこそ、「年金は保険である」という「常識」が、日頃、あまり強調されないのでしょう。それが意図的かつ計画的なものか、あるいは暗黙のうちに何となくそうなっているのかは知りませんが、いずれにせよ、そうなりがちであるという側面は、けっして否定できないものでしょう。

そういう情報操作をされないためにも、年金が保険原理で成り立っていることを理解しておくことが大切です。

「四〇年支払った保険料」と、「二〇年で受け取る年金額」が同じになる設計

年金には、「公的年金」と「私的年金」があります。

国が国民皆年金として運営している国民年金、厚生年金は「公的年金」。民間が運営しているのが「私的年金」です。先ほど述べたように、企業年金、確定拠出年金、個人年金などが私的年金です。

公的年金は継ぎはぎ状態になっていて複雑ではありますが、その根幹の仕組みは「賦《ふ》課《か》方式」です。

賦課方式とは、現役世代から集めた保険料を老齢世代の年金給付に充てる方式です。自分

が支払ったお金は今の高齢者にあげる。自分が高齢者になったときには、そのときの若い人の保険料から年金をもらう。日本をはじめ、主要先進国の公的年金はだいたいこの方式です。

それに対して、民間の私的年金は、「積立《つみたて》方式」です。自分の納めた保険料を積み立てておいて、それを株式や債券などで運用して増やし、将来、年金として受け取ります。

大きく分けると、次のように分けられます。

〈年金〉
・公的年金――賦課方式（基本）
・私的年金――積立方式

公的年金も私的年金も、「集めた保険料」と「給付する年金」が一致するように、年金数理で計算されて、保険料と給付額が決まっています（「保険料」＝「給付額」）。

賦課方式の場合は、自分が払った保険料は、すぐに高齢者の給付に充てられて消えてしまいますが、自分が高齢者になって給付を受けるときには、その時代の現役世代から集められた保険料から支払ってもらえます。ものすごく長い目で見ると、自分の支払った保険料があとで年金として戻ってくるかたちになっているといえます。

二〇一五年簡易生命表によれば、男性の平均寿命は約八〇歳で、女性の平均寿命は約八七歳ですが、ここではわかりやすくするために、平均寿命を八〇歳とします。払込期間と受給期間も丸めていうと、公的年金は二〇歳から六〇歳までの四〇年間納めて、六〇歳から八〇歳くらいまで二〇年間受け取る仕組みです。

ざっくりといってしまえば、四〇年間納めた保険料の総額と、二〇年間でもらう年金額が同じになるように設計すればいい、ということになります。もちろん厳密には、現在価値を計算するなど細かい数字を出さなければいけませんが、細かいことにこだわると全体像がつかめなくなります。非常にアバウトですが、次のように考えてください。

〈ものすごく単純化した公的年金の数式〉
「四〇年納めた保険料の総額」＝「二〇年で受け取る年金の総額」

年金の基本原理は、単純にいってしまえばこんな数式になります。ただし、これは全体を平均したときの数式です。前述のとおり、若くして亡くなった人は損をし、長生きした人は得をすることになりますが、全体を均《なら》すと、このような数式になるのです。

公的年金でもらえる額は、「月給の四割」が目安

多くの人が一番知りたいのは、年金をどのくらいもらえるのかということでしょう。これも数式に基づいて考えてみましょう。

今述べたように、年金の基本的な数式は、次のようになります。

「四〇年納めた保険料の総額」＝「二〇年で受け取る年金の総額」

これをもとに考えれば、一年当たりに受け取る年金額は、一年当たりに納めた保険料の二倍くらいであることがわかります（四〇÷二〇＝二）。

月々のことで考えると、もっとわかりやすいかもしれません。つまり、毎月納めている保険料の二倍くらいが、将来、毎月受け取る年金額になる、ということです。

非常にざっくりとした捉え方ですが、これで自分の年金額が推測できます。

では、毎月どのくらい保険料を納めているでしょうか。ここでは厚生年金の場合を考えてみましょう。厚生年金の保険料率は段階的に上がってきましたが、平成二十九年（二〇一七年）九月以降は標準報酬の一八・三％となっています。アバウトにいえば、月給の二割です。ちなみに、先ほどいったように会社員や公務員の場合は労使折半ですから、このうち半分は会社（または政府）が払ってくれています。

納めている年金保険料は月給の二割くらいで、年金額はその二倍くらいになります。つまり、二割×二＝四割で、だいたい月給の四割くらいと見ておけばいいでしょう。

〈およその年金額予想〉
毎月の年金額＝月給の約四割

月給二〇万円の人は、八万円程度。月給三〇万円の人は、一二万円程度。月給四〇万円の人は、一六万円程度だということです。

実際には、四〇年間に納めた保険料を平均しないといけません。厚生年金の場合は、給料に連動する報酬比例部分がありますので、給料額によって納める保険料は変わっていきます。給料が上がっていけば、保険料は高くなります。給料が下がれば保険料は安くなります。

現在価値に直す計算も必要ですし、年金支給開始年齢も変わっていますが、細かい計算はせずに、「月給の四割くらい」を目安と思っておけばいいでしょう。

ここで気をつけておきたいのは、年金額を考えるときには、「生涯を通じて平均の給与額」が基準になるということです。

日本の会社員の場合、年功賃金をもらっている場合が少なくありませんので、若いころは給料が安く、歳を重ねるにつれて給料が増えていく人が多いはずです。とすると、退職間際の給料は「生涯を通じての平均」よりも多くなっていますから、それを基準に考えてしまうと、「年金支給額が思っていたより低い」という感覚になってしまいます。

あくまで「生涯を通じての平均給与の四割」と考えておかなくてはいけません。逆にいえば、自分が生涯を通じて平均的にどのくらいの月給をもらえそうかを推定してもらえば、だいたいの数字がつかめるはずです。

ちなみに、この四割という数字は、ほぼ「所得代替率」を示しています。所得代替率については、五〇%とか、六〇%という数字が出ていますが、それらはおかしな数字であることを後ほど述べたいと思います（第2章の八一ページ以降を参照）。

なお、厳密にいえば、四〇年間で払う保険料のほかに国庫負担もありますが、ここでは保険の原理を学ぶために、省いています。国庫負担分は、税金としてどこかでとられて、それが保険料込みとなっているので、これを考えると頭がこんがらがるでしょう。

「ねんきん定期便」は保険料払い込みを証明する「レシート」

次は、「ねんきん定期便」についてです。

「ねんきん定期便って、何だっけ？」と思っている人や、「送られてきたかもしれないけど、よく見ていない」という人もいるかもしれません。「ねんきん定期便」は誕生月に日本年金機構から送られてくるものです。

これはけっこう意味のある書類です。すでに捨ててしまった人は、次の誕生月に送られてきますので、捨てないできちんと確認してください。

なぜ、「ねんきん定期便」が大事なのか。それは、「ねんきん定期便」は国が発行する「レシート」だからです。

会社員の皆さんは、給料から厚生年金保険料を天引きされています。「天引きされているから、大丈夫。きちんと納めている」と思っているかもしれませんが、会社に天引きされただけで、会社が国（日本年金機構）に払い込みをしたかどうかは、確認していないはずです。

それを確認するための資料が「ねんきん定期便」です。会社からもらう給与明細には、天引き額が書いてありますが、それは会社が発行したレシートにすぎません。本当に国に納付されたかどうかを証明する資料は、「ねんきん定期便」だけです。それゆえ、「ねんきん定期便」は国から発行されたレシートだということになるのです。

〈二つのレシート〉
- 給与明細――会社からのレシート
- ねんきん定期便――国からのレシート

少し自慢話をさせてもらうと、「ねんきん定期便」を提案したのは、私です。

私が考えたのは、けっこう単純なことでした。多くの人は、自分が年金保険料をいくら支払ったのかを知りません。「国は年金記録のデータを持っているのだから、お知らせしてはどうだろうか」という発想でした。

ヒントになったのは、アメリカの「社会保障通知（Social Security Statement）」でした。毎年一回、年金制度の説明や、個々人の所得履歴や支払履歴、予想年金額などが記されたペーパーが送られてくるのです。予想年金額については、早く退職した場合、通常の退職（現在は六五歳）の場合、七〇歳で退職した場合など、状況別のシミュレーションが書かれています。

二〇〇一年から経済財政諮問会議が始まりましたが、そのころ私は大蔵省で左遷されて暇《ひま》にしていました（一九九八年にプリンストン大学へ留学したのですが、一年で帰る予定だったのにアメリカの勉強が面白く、三年間学んだために怒られて飛ばされたのでした）。そんな私に、小泉政権で経済財政担当大臣になった竹中平蔵さんが声をかけてくれて、お手伝いをすることになりました。

そのときに「社会保障個人勘定」というものをつくって、「どのくらいのお金を納めたか、将来いくらのお金がもらえるか」をお知らせしてはどうかと考えました。諮問会議委員の本間正明さん（当時大阪大学教授）も同じような考えを持っていて賛同してくれたため、諮問会議に提案しました。

ところが、何回提案してもまったく実現しませんでした。厚労省がやらないのです。四回も五回も提案し、毎年話し合っているのに、いっこうに厚労省はやろうとしません。「なんでやらないんだろう」「おかしいですね」といっていたくらいです。

「ひょっとしたら厚労省はデータをきちんと管理していないんじゃないか。だからできないんじゃないか」と疑いを持ちはじめました。するとちょうどその直後に出てきたのが、「消えた年金問題」だったのです。あのニュースが出てきたときは「やっぱり」とは思いましたが、正直なところ、あれほど酷いとは思っていませんでした。

社会保険庁の記録の不備とともに明らかになったのが、会社が天引きしたお金を社会保険庁に納めていなかったケースです。消えた年金の七割くらいは、会社が厚生年金保険料を国に納めていないケースでした。

従業員は、「会社に天引きされているから納めている」と思っていたのですが、資金繰りに困った中小零細企業などでは、本来納めなければいけないものを運転資金などに流用していたのです。給与明細を持って社会保険庁に行って「ほら、払っています」といったら、担当者から「社会保険庁に払い込まれていないんです」といわれて、愕然《がくぜん》とした人たちもいたようです。

実は、アメリカでも同じ問題があり、それで「これだけ納付されました」ということを国が国民に報せるレシートとして「社会保障通知」の仕組みがつくられたのでした。

消えた年金問題が発覚した機会に、再度、社会保障個人勘定を提案したところ、「それはいいね。消えた年金問題対策でやってくれ」ということになって始まりました。年金記録を確認するための「ねんきん特別便」というものがつくられ、毎年記録を送る「ねんきん定期便」ができました。

「ねんきん定期便」の基本的な目的はレシートですが、「受け取る年金額もお知らせしてはどうか」ということになり、年金の見込額も記載されることになりました。年金見込額を見れば、自分が受け取る年金額の目安になります。

納付額と受給額を注意深く確認したほうがいい

「ねんきん定期便」を注意深く確認したほうがいいのは、会社員などサラリーマンです。

国民年金に入っている自営業の人は、現金で納付すると領収書をもらえますし、引き落としにしている人も、確定申告のために年に一回証明書が送られてきます。「ねんきん定期便」をレシート代わりに使わなくても、いろいろな証明書が残ります。

一方、会社員が入っている厚生年金は、会社が事務手続きをしています。給料から天引きしても、それを日本年金機構に納めているかどうかはわかりません。先ほどご紹介したように、保険料をきちんと納めていない会社も世の中にはあります。正しく納めているかどうかを確認できるのが「ねんきん定期便」です。

中小企業は、厚生年金保険料と協会けんぽの健康保険料を一緒に日本年金機構に納めます。まったく納めていなければ、従業員は健康保険証を受け取れませんので、「保険証をもらっていない。おかしい」と気づくことができます。

ただし、そうはいっても、給料の金額を日本年金機構に過少申告して、健康保険証を発行してもらっている可能性がないわけではありません。そういう場合、医者にかかるときには、保険適用で受診できますが、納めている厚生年金保険料が少ないので、厚生年金の受取額は少なくなってしまいます。厚生年金保険料と健康保険料は労使折半ですが、会社負担分を払わないで、従業員から天引きした分だけを払っているケースもあるようです。

「ねんきん定期便」は、国が発行するレシートですから、納めているかどうか、そしていくら納めたのかが、はっきりとわかります。「国は、あなたから、これだけの金額を受け取りました」という領収書です。年金をもらう人にとって、大切な証明書だと思ってください。

「ねんきん定期便」の見方、使い方

「ねんきん定期便」は、年齢によっていくつか様式があります。詳しくは「日本年金機構」のホームページで確認すれば、よくわかります。

「ねんきん定期便」の中に、「これまでの保険料納付額」という欄があるはずです。ここに累計の納付額が記されていますが、これがレシートに相当します。労使折半で会社が半額を負担していますから、国はこの欄に書かれた数字の倍の金額を受け取っています。

保険料率は、厚生年金の加入者と厚生年金基金の加入者では少し違いますが、だいたい二割弱です。それを労使折半しますから、保険料納付額に記載されている金額は、だいたい標準報酬月額の一割弱になっているはずです。

レシートの「明細」代わりになるページは「最近の月別状況です」と書かれた部分です。ここには、標準報酬月額（月給）、標準賞与額（ボーナス）とともに、保険料納付額が記入されています。

同欄の「厚生年金保険」の項に書かれている「標準報酬月額（千円）」「標準賞与額（千円）」を見てください。自分がもらった月給、ボーナスの額と大きく違っていないか確認しましょう。あまりにも低い数字が書かれていたら、会社が月給や賞与の数字をごまかして、低い保険料しか納付していない可能性があります。標準報酬月額、標準賞与額は、報酬の額を等級で分けて少し数字が丸められた金額ですので、自分がもらっている金額と完全に一致はしませんが、およそのことはわかると思います。

国民年金に入っている人、または国民年金に入っている期間（たとえば、二〇歳になってから会社員になるまでの期間、あるいは会社を退職していた期間など）の厚生年金保険の欄には数字の記載は何もなく、国民年金の欄に「納付済」と記載されます。

この「ねんきん定期便」には「基礎年金番号」も書かれているはずです。これが一番大事な番号です。この番号がわかれば、インターネットの「ねんきんネット」（日本年金機構が開設しているサイト）に申し込んで、詳細な年金記録を見ることができます。

「ねんきん定期便」には「これまでの年金加入期間」も記載されています。ここで加入期間を確認しましょう。未納の時期があると、加入期間が少なくなっています。不審に思うときは、「ねんきんネット」にアクセスすれば、過去に未納期間がなかったかどうか、さかのぼって記録を調べることができます。

先にもご紹介したとおり、これまでは年金に加入して二五年（三〇〇月）以上保険料を納

図2 ねんきん定期便

50歳未満の「ねんきん定期便」

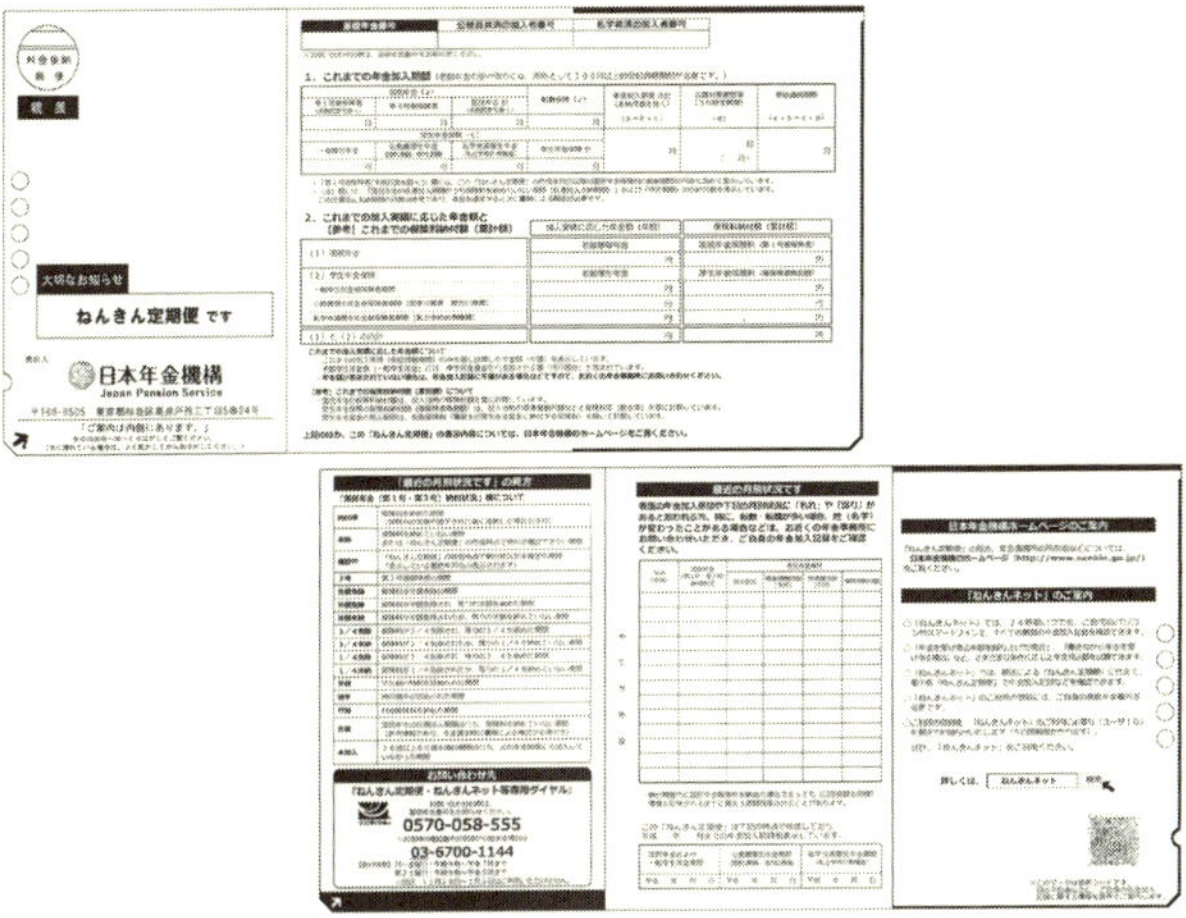

50歳以上の「ねんきん定期便」

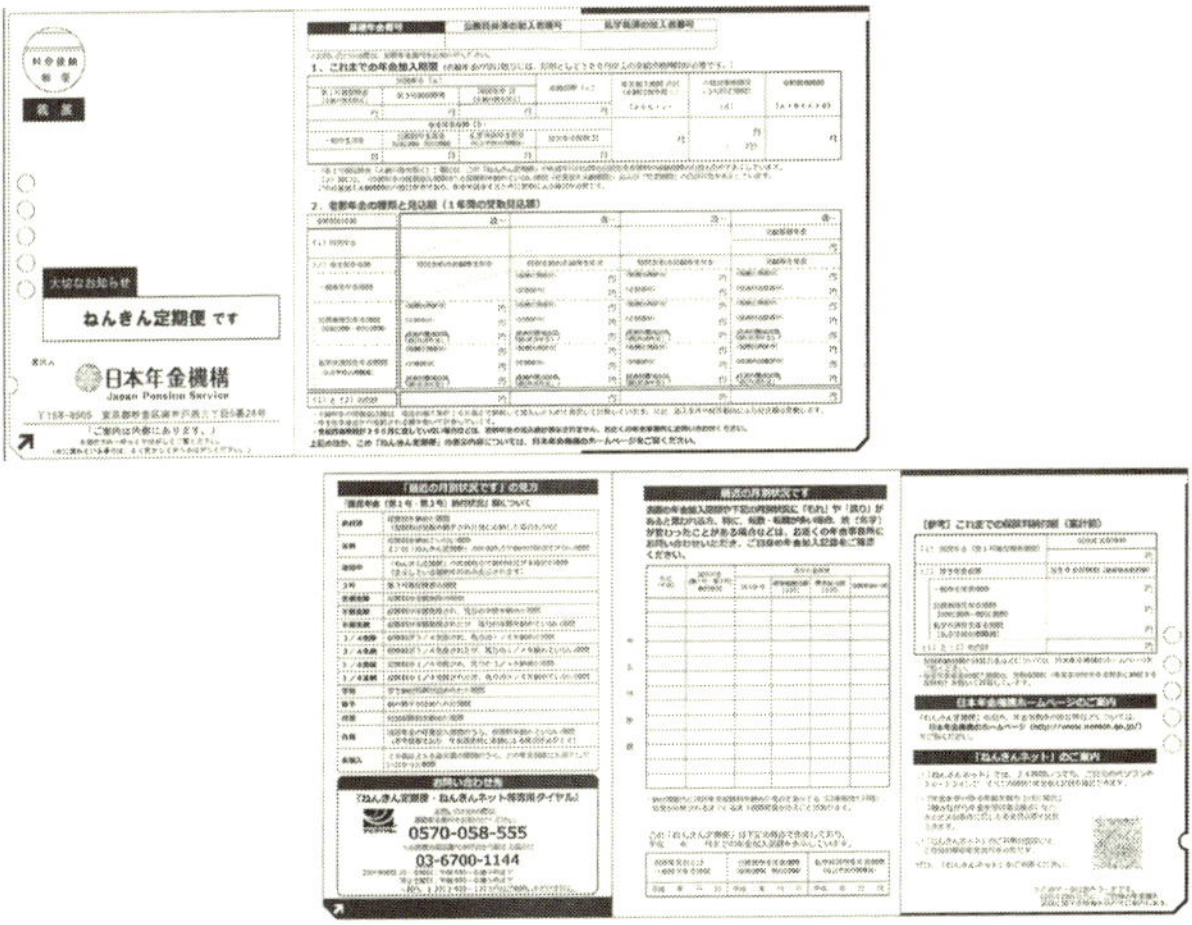

めていなければ年金を受給できませんでしたが、平成二十八年の法改正で、一〇年（一二〇月）以上納めていれば、受給できるようになりました。

また、五〇歳未満の場合は「これまでの加入実績に応じた年金額」、五〇歳以上は「老齢年金の種類と見込額（1年間の受取見込額）」という欄があります。これを見ると、どのくらい年金をもらえるかがわかります。将来受け取る年金額（現時点での見込額）です。「この金額では生活費として足りない」と思う人は、貯蓄や民間の年金保険などで備えておくことを検討しましょう。

意外と大切な「住所確認」の役割

「ねんきん定期便」の役割はレシートですが、もう一つ、大切な役割があります。それは、住所確認です。

日本年金機構が手紙を出すと、住所が変更されている人は年金機構に手紙が戻ってきます。戻ってきた手紙によって「この人は住所移転している」ということを確認できます。年金機構は、戻ってきた手紙の分については、住所変更をするように会社に促すことができます。

個人の側からいえば、「ねんきん定期便」が届かないときは、年金機構に届け出されている住所が間違っていることになります。「ねんきん定期便」は、年金機構と個人をつなぐ連絡網の役割も果たしています。誕生月に「ねんきん定期便」が届かなかったら、勤務先に確認するか、年金機構に問い合わせをするべきです。

〈ねんきん定期便の役割〉

- 保険料のレシート
- 給付見込額のお知らせ
- 住所確認

役所に届け出された個人住所が間違っているケースはけっこうあります。平成二十七年からマイナンバーが通知されましたが、手紙が届かなかった人がいました。これも住所管理がきちんとできていなかったことによるものです。

「ねんきん定期便」は、日本年金機構（社会保険庁）が企業から届け出された住所を使っています。会社から間違った住所が届け出されていたり、住所変更の手続きがなされていなかったりして、住所が間違っているケースもかなりあります。「ねんきん定期便」が届かない場合は、会社に確認して、会社に住所変更の手続きをしてもらうのが筋ですが、会社をあまり信用できない人は、直接、日本年金機構に確認したほうがいいでしょう。

真実を知らねば思わぬ「損」をする羽目になりかねない

この章では年金のポイントとして、次の三つのことを説明してきました。

- 年金は「保険」である
- 「四〇年間払った保険料」と「二〇年間で受け取る年金」の額がほぼ同じ
- 「ねんきん定期便」は国からのレシート

この章をお読みいただいただけで、だいぶ年金の仕組みについてイメージが固まってきたと思いますし、公的年金で自分がいくらくらいを受給できるかもおわかりいただけたかと思います。

公的年金は、その発想からすればあくまで「年金保険」であり、「長生きするリスク」に備えるものなのです。もちろん、退職後の生活を支える基本部分の資金になってくれることは間違いありませんが、いくらもらえるかは開示されているわけですから、先にも書いたとおり、「この金額では生活費として足りない」と思う人は、貯蓄や民間の年金保険などで備えておけばいい、ということになります。

こう見てくれば、非常にシンプルに見通せるようになるはずです。

しかし、ではなぜ「年金不安」などという言葉が騒がれるのでしょうか。それは、本章でも見てきたように、「年金制度はつぶれる」「年金がもらえなくなる」などという言説が世の中で騒がれているからでしょう。

たしかに、就職活動をしているときに「この会社に入っても給料をもらえないかもしれない」などといわれたら、よほど自分の夢と合致する就職先でないかぎり、多くの人が入社に躊躇《ちゅうちょ》してしまうことでしょう。それと同じで、「日本の年金制度は破綻する」などということばかりをいわれたら、「どうせ年金をもらえないだろうから、保険料は納付しなくてもいいや」と思ってしまう人も出てくるに違いありません。

さらに、年金保険料を納付している人でも、「老後の生活が危ないから、今からどんどん投資をしておくべきですよ。こちらの投資をすれば、高利回りでどんどんお金が貯まりますす」などという話を聞いて、ついついハイリスクな（場合によっては〝怪しげな〟）投資商品に手を出してしまう可能性もあります。

まずここで、間違いなくいえることは、日本の公的年金に入らないのは「損」だということです。そのことは、本書をここまでお読みいただいた方であれば、納得いただけると思います。万が一、未納の人がいたら、これからは一〇年（一二〇月）以上、保険料を納めていれば、公的年金が受給できるようになりましたから、ぜひ保険料を納付することをお奨めします。

次にいえることは、「年金不安」をあおっているのは、（意識しているかどうかは別として）何らかの思惑に乗っかってのことである場合が多いですから、けっして、それに安易に乗っかるべきではない、ということです。

もちろん、老後の備えをすることは重要ですが、必要以上に不安に苛まれるのはバカげています。それどころか、そういう言説に踊らされて軽挙妄動してしまうと、思わぬ「損」をする羽目になりかねません。とにかく諸々の「情報」（あるいは「情報操作」）に惑わされないように、「真実を知る」「ファクトを知る」ことが重要だということです。

次の章では、「日本の年金制度」がつぶれるのか、つぶれないのか、という部分について、しっかりと見ていきましょう。

第2章

「日本の年金制度がつぶれない」これだけの理由

年金は「保険数理」で破綻しないように設計されている

身もフタもありませんが、最初に結論をいってしまいましょう。日本の公的年金制度は破綻しません。プロローグでも書きましたが、少なくとも、今後、よほど酷い制度改悪を行なったり、日本の経済をボロボロにするような悪しき経済政策運営を行なったりしなければ、日本の年金制度は大丈夫です。

前章で述べたように、年金というのは「保険」です。保険は、保険数理で計算されて成り立っています。それをよく知らない人は、破綻すると思ってしまいがちですが、保険は、割り切っていえば「数学」の世界です。厳密な計算をして「保険料」と「給付額」がはじき出されます。そして、全体として「保険料」＝「給付額」となるように、保険料と給付額が決められる。つまり、破綻しないように設計されているのです。

もちろん、社会の環境に合わせて計算し直し、多少「保険料」が上がったり、多少「給付額」が下がったりする調整が行なわれることはあります。それによって適正に保たれるのです。

たとえば、平成十六年（二〇〇四年）の改正で、保険料をその時点から二〇一七年まで段階的に引き上げて、そこで固定することが決められました（厚生年金一八・三％、国民年金一万六九〇〇円）。また、二〇〇九年度までに基礎年金の国庫負担割合を二分の一にすることも決められています。一方、給付される年金額については、今見てきた「保険料」収入の範囲内に収まるように、「マクロ経済スライド」が導入されました。

この「マクロ経済スライド」とは何か？　厚生労働省の説明を引けば、次のとおりとなります。

〈（公的年金財政の）収入の範囲内で給付を行うため、「社会全体の公的年金制度を支える力（現役世代の人数）の変化」と「平均余命の伸びに伴う給付費の増加」というマクロでみた給付と負担の変動に応じて、給付水準を自動的に調整する仕組みを導入したのです〉

〈年金額は、賃金や物価が上昇すると増えていきますが、一定期間、年金額の伸びを調整する（賃金や物価が上昇するほどは増やさない）ことで、保険料収入などの財源の範囲内で給付を行いつつ、長期的に公的年金の財政を運営していきます。

五年に一度行う財政検証のときに、おおむね一〇〇年後に年金給付費一年分の積立金を持つことができるように、年金額の伸びの調整を行う期間（調整期間）を見通しています〉

（http://www.mhlw.go.jp/nenkinkenshou/finance/popup1.html）

ここに書かれていることは、ひと言でいえば、「保険料収入の範囲内で給付を維持できるように、保険数理で計算します」ということです。つまり、きちんとマクロ経済スライドで調整していけば、年金が制度的に破綻する可能性はない、ということです。

繰り返しますが、きちんと保険数理で計算さえすれば、その制度がもつかもたないかは、きちんとわかるのですから、要は「制度がもつ」ように運営していけばいい、ということですし、支払う保険料も、もらえる給付額も、劇的に変動（たとえばいきなり負担が倍になったり、もらえる金額がゼロになったり）することはない、ということです。

制度の問題点も少しずつ解消されつつある

もちろん、制度の中に問題点が含まれていることは確かです。しかし、それらは少しずつ解消されつつあります。

制度上の問題点は、大きなものとしては次の三点です。

〈年金制度上の問題点〉

1　厚生年金基金

2　GPIF（年金積立金管理運用独立行政法人）

3　徴収漏れ（歳入庁）

厚生年金基金の重大な問題点については、第4章で詳しく述べます。これは、二〇年以上前から私が指摘してきたことです。私は、厚生年金基金の積立金の運用は、数学的に成り立たない点をずっと指摘してきました。

ほぼ予想通り、多くの厚生年金基金が運用に行き詰まりました。現在は、厚生年金基金の多くが解散し、新規に厚生年金基金をつくることは認められていません。厚生年金基金の問題はほぼ解消されつつあります。

ちなみに、「厚生年金」と「厚生年金基金」は名称が似ているために紛らわしいのですが、「厚生年金」が公的年金であるのに対して、「厚生年金基金」は各企業が加入するかどうかを判断する「企業年金（私的年金）」でした。要は、「国民年金＋厚生年金」にさらに上増しして年金をもらえるようにするためのものです。

二つ目のGPIFの問題は、第5章で述べます。この問題は、今もって解決されていません。ただ、年金財政全体の中で見れば、GPIFの運用が占める割合は低いですから、年金制度を破綻させるほどのものではありません。

三つ目の徴収漏れ（未納・滞納）の問題は、運用の問題といえますが、歳入庁という組織をつくることによって制度的にも徴収漏れを減らしていくことが可能です。これについては第6章で述べます。

制度上の問題点が解消されれば、あとは、保険数理による数学的な計算だけで決まります。数学を専門とする私の目から見れば、日本の年金制度が破綻することを示す数字は出てきません。

もっとも、今後、想定以上の経済成長の落ち込みが長期にわたったりすれば、もらえる年金額が少なくなる可能性もあります。そうなると、年金以外のところでも不満足なことがおこります。その意味で、それは年金破綻でなく、経済成長の低下によるものです。これは、あとで詳しく説明します。

日本の年金制度の基本的な枠組みを知っておこう

図3　年金制度の体系図

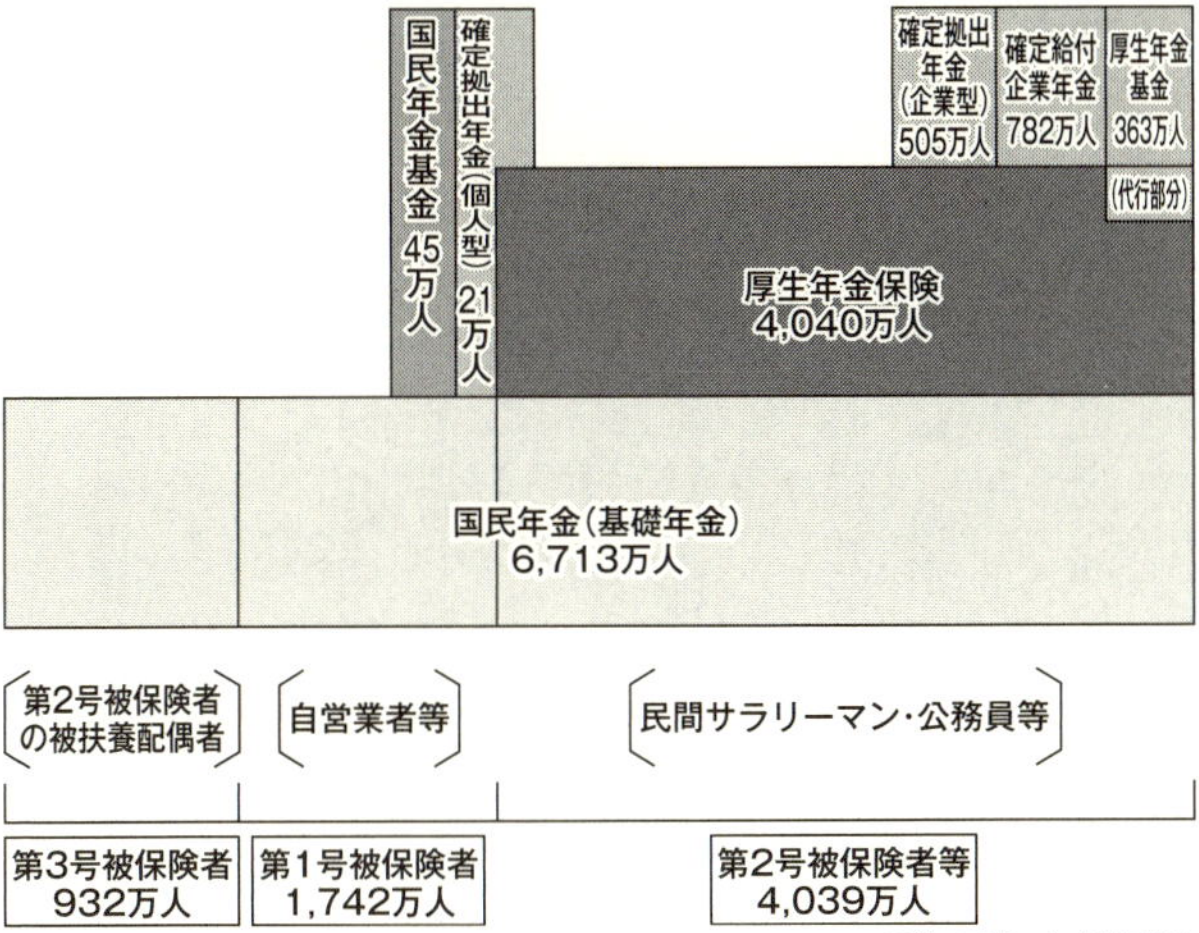

（数値は平成27年3月末現在）

まず、年金の全体像について確認しておきましょう。

日本の年金制度は、今、お話ししたように三階建てです。制度が入り組んでいますので、詳細は図3を見ていただければと思いますが、わかりやすいように、大ざっぱに分けると次のような構造になっています。

〈年金は「三階建て」〉

一階　国民年金
　　　――公的年金
二階　厚生年金（共済年金も統合された）
　　　――公的年金
三階　企業年金、確定拠出年金など
　　　――私的年金

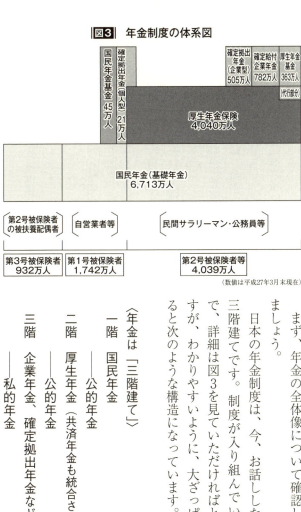

一階部分は、全国民に定額給付する国民年金。すべての国民は強制的に国民年金制度に加入することになっています。一階部分で給付される年金は「老齢基礎年金」と呼ばれています。

老齢基礎年金は、四〇年間保険料を納めた人には満額が支給されます。平成二十八年四月からの例でいえば、年金額の満額は、年七八万〇一〇〇円。一カ月当たり約六万五〇〇〇円の年金額です。所得の高い人も低い人も、保険料を納めた期間によって基礎年金額は一律です。

自営業者や農業者（第1号被保険者）には、一階部分の基礎年金しかありません。会社員・公務員等に扶養されている配偶者（第3号被保険者）も、一階部分の基礎年金のみです。

二階部分は、国民年金の上乗せとして報酬比例の年金である被用者年金があります。サラリーマン（民間企業職員）の場合は厚生年金、公務員と私学教職員は共済年金でしたが、平成二十七年十月以降は、共済年金は厚生年金に一元化されました。厚生年金に加入している人は、「第2号被保険者」と呼ばれます。

会社員・公務員等は、一階部分の基礎年金と二階部分の厚生年金を受け取ります。一階部分は保険料を納めた期間に応じて一律ですが、二階部分は報酬比例ですから、所得が多く保険料をたくさん納めた人は、年金を多く受け取ることができます。

ここまでが公的年金保険です。一階部分の国民年金も、二階部分の厚生年金も必ず入らなければいけない年金です。

ここから先は、個人の任意、あるいは組織の任意の年金保険ですから、いろいろな仕組みがあります。

自営業者は、一階部分しかありませんので、「付加年金」と「国民年金基金」という制度があります。付加年金は、毎月の国民年金保険料に四〇〇円プラスして納めると、四〇年の満額で、年間九万六〇〇〇円基礎年金額が加算されます。

国民年金基金は、国民年金に上乗せする「私的年金」です。自営業者の二階部分、三階部分のようなものです。

サラリーマンの場合、一階部分は基礎年金、二階部分は厚生年金ですが、会社によっては三階部分を持っているところもあります。先述のように以前は厚生年金基金という仕組みがありましたが、問題が多いため、解散が相次ぎ、新規には設立されません。厚生年金基金は、確定給付企業年金、確定拠出年金（企業型）に移行しています。このほか、個人が入る確定拠出年金（個人型）があります。

日本の年金は「賦課方式」か「積立方式」か？

前述したように、年金には「賦課方式」と「積立方式」があります。

賦課方式は、現役の人が納めた保険料は、すぐに高齢者の年金給付に回されます。今の若い人が高齢者になったときには、その時代の若い人から集めた保険料を年金として受け取ることができます。

世代間で年金がやりとりされますから、「世代間の助け合い」といわれています。若い人が高齢者の年金を支払っていることになりますので、「親への仕送り」と呼ばれることもあります。個人で仕送りするのではなく、社会全体で仕送りをする仕組みです。

賦課方式は、集めた分をすぐに支払いますので、原理的に積立金を必要としていません。支払い準備のために少額の積立金は必要になりますが、それ以上に積立金を持つ必要のない制度です。

日本の公的年金（一階、二階）の根幹は、賦課方式です。ただ、積立金も持っており、国庫からも税金が投入されている部分がありますので、少し複雑化していますが、ほぼ「賦課方式」で運用されています。

一方、「積立方式」は、保険料を積み立てていって、それを将来受け取る方式です。積み立てた保険料は運用され、保険料と運用益が年金支給に充てられます。私的年金は、保険料を自分の老後のために積み立てる「積立方式」で運営されています。

〈年金の仕組みの違い〉

一階、二階――公的年金（ほぼ賦課方式）

三階――私的年金（積立方式）

一階、二階の公的年金と、三階の私的年金の関係は、日本はアメリカなどに比べて公的年金部分のウェイトが高いという特徴があります。

「給付カット法案」などという批判は笑止千万

すでに本書では何度か紹介していますが、平成二十八年（二〇一六年）に年金改革関連法が成立し、改正年金機能強化法では、受給資格を得られる保険料納付期間が二五年から一〇年に短縮されました。

同じタイミングで、次のような改正が行なわれました。

- 短時間労働者への被用者保険の適用拡大の促進
- 年金額改定ルールの見直し
- GPIFの組織見直し

年金給付額は、物価や賃金が上がるとそれに連動して増えていきますが、現役人口の減少や平均余命の伸びを加味して、給付水準を自動的に調整（抑制）する仕組みが導入されています。それが「マクロ経済スライド」であり、世代間格差を少しずつ埋めていく措置です。

マクロ経済スライドは、物価下落時には適用されないことになっていました。しかし、マクロ経済スライド導入後、長くデフレが続いたため、平成二十七年度の一回しか適用されていませんでした。

そこで平成二十八年の改正では、将来世代の給付を確保するために、適用ルールを少し変更しました。物価下落時にはマクロ経済スライドを適用しないものの、その分を物価上昇時にまとめて取り戻すというルールです。

景気が良くなったときにまとめて調整をする仕組みですから、そのときに年金支給額は減ります。これに対して、民進党が「年金カット法案だ」とレッテルを貼って批判したのでした。

しかし前述のとおり、もともと平成十六年（二〇〇四年）の改正で「マクロ経済スライド」が導入されており、ある条件になったら給付の調整が行なわれることは決まっていたことです。それを「給付カット」と呼ぶのは、どう考えても正しい表現とは思えません。

これを「給付カット」と呼ぶのであれば、「給付カット」は一〇年以上前から決まっていたルールです。しかも、民進党の場合は、その一〇年のあいだに政権も担当しているのですから、何をかいわんやです。

自分が政権を担当していたときには「マクロ経済スライド」について何もしないでおいて、自民党が行なえば「年金カット」などというのでは、「批判のための批判」をしていると指摘されても、反論できないはずです。むしろ、滑稽《こっけい》でさえあります。

そもそも、現役世代の賃金が下がったときに給付額を調整するのは、制度の持続可能性の点から当然のことです。なぜ平成二十八年に、まとめて年金給付額を減らさなければいけなくなったのか。それは、デフレが続いていたためです。本来は、世代間格差を埋めるために、毎年少しずつ調整していくのが一番いいのですが、デフレが続いたために調整できませんでした。その「ツケ」を解消するルールに変更したというわけです。

安倍政権になってからは、金融政策を行ない、政権を上げてデフレ解消に取り組んでいます。しかし、民主党政権の時代は、デフレに対して有効な手がまったく打たれませんでした。その結果、デフレが続き、給付の調整ができず、「ツケ」がたまってしまったのです。

民進党は「年金カット」といいますが、これまでデフレでカットすべき年金給付をカットしてこなかったのが悪いのです。それを遅ればせながらやるのですから、カットになるのは当然といえば当然です。自分たちが政権をとっていた時期にはデフレを放置して、年金カットをやらなかった民進党が、年金カットと反対するのは笑止千万です。

民進党が改正法案を批判したのは、まったくもって筋違いといわざるをえません。デフレが続いたために、世代間格差解消の措置をとれなかったのであり、責められるべきは、民進党の「経済政策」です。民進党の主張は、自分たちの経済政策が失敗したことを良しとしているかのようです。

「経済政策の失敗に起因する問題」を、年金の「制度の問題」にすり替える議論はよく出てきます。そこをきちんと見極めておかないと、制度に問題があるかのように思ってしまって、不安をあおられてしまいます。後ほどまた触れますが、年金問題の大半は、制度の問題ではなく、経済政策の問題なのです。

そこを隠そうとしたり、ただ与党を攻撃するためだけに「年金」について「批判のための批判」をするのは、政治家として、許すべからざる無責任です。その批判を真に受けて、年金保険料を払わなかったり、ハイリスクな投資に手を出して大損をしてしまう人も出かねないのですから。

人口減少が起こることは、ずっと前から予測されていることであり、それに伴って給付額が減ることも、予測されていることです。問題はその額です。人口減少は急激に進むわけではなく、ゆっくりと進むと予測されていますから、人口減少が起こっても、給付額が大幅に減ることはありません。ゆっくりと進む人口減少に合わせて、毎年少しずつ調整していけば影響は少なくて済みます。その仕組みが「マクロ経済スライド」です。

「一・X人で一人の高齢者を支える」という脅し文句の真実

社会保障の議論の中で、必ず出てくるのが「現役世代何人で一人の高齢者を支えるか」という考え方です。

内閣府が「高齢社会白書」を発表していますが、その平成二十八年版によれば、今後、高齢者（六五歳以上）一人を、現役世代（一五〜六四歳）が何人で支えるかについて、次のようなデータが書かれています（図4参照）。

二〇一五年――1／2・3人
二〇二〇年――1／2・0人
二〇三〇年――1／1・8人
二〇四〇年――1／1・5人
二〇五〇年――1／1・3人

（http://www8.cao.go.jp/kourei/whitepaper/w-2016/html/gaiyou/s1_1.html）

このデータでは「現役世代」を生産年齢人口（労働力の中核をなす一五歳以上、六五歳未満）としていますが、最近の日本では一五歳から働く人は多くはないですから、実際にはもう少し厳しいデータになるでしょう。

図4　高齢世代人口の比率

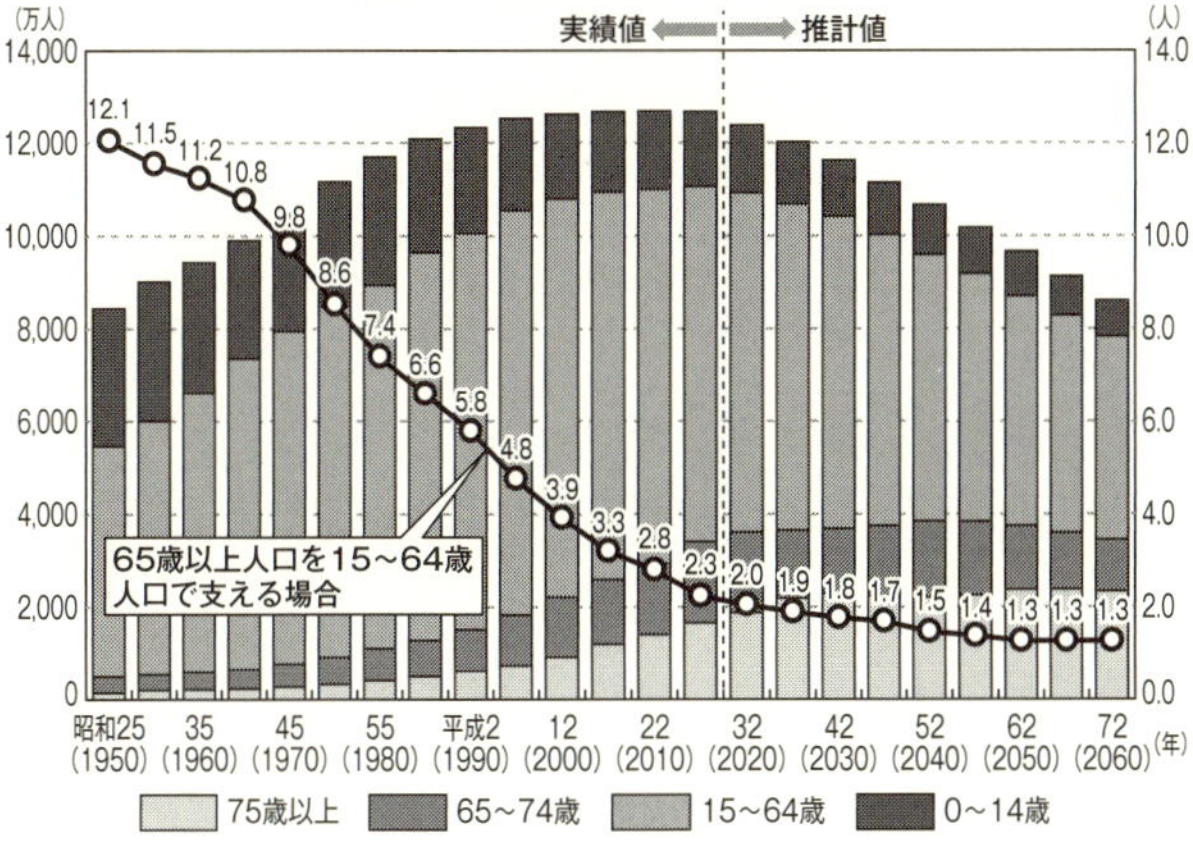

資料：2010年までは総務省「国勢調査」、2015年は総務省「人口推計（平成27年国勢調査人口速報集計による人口を基準とした平成27年10月1日現在確定値）」、2020年以降は国立社会保障・人口問題研究所「将来推計人口（平成24年1月推計）」の出生中位・死亡中位仮定による推計結果

出所：内閣府「平成28年版高齢社会白書（概要版）」

この数字だけを見ると、「大変なことになる」と思って不安になる人が多いと思います。

もちろん、このような状況はけっして楽なものではないことは確かです。しかし、先ほど述べたように、政府がこのような数字を出しているということは、逆にいえば、このような人口減少状況は、すでに十分予測されているということです。年金数理の計算でも、このような状況は（「完全に」とまではいわないまでも）織り込まれているのです。

少子高齢化の状況は、きちんと踏まえておく必要はあります。しかし、必要以上に不安をあおるロジックにダマされてはいけません。

「一・X人で一人の高齢者を支えなくてはいけない」というロジックの最大の問題点は、「人数」だけで計算しているところです。

正しい議論するには、「人数」に「所得」を掛けた「金額」を使わなければなりません。年金は「人数」の問題ではなく、「金額」の問題です。そこを押さえておかないと、不安をあおられることになります。

昔は、六〜七人で一人を支えていましたが、一人ひとりの給料はたいしたことはありませんでした。今は、その当時よりは給料が上がってきています。給料が二倍になれば、昔の人の二人分になります。年金財政から見ると、頭数より、一人ひとりがどのくらい稼いでいるかが重要です。

人口が減少しても、それを上回る成長をして所得が伸びていれば、人口減少はあまり大きな問題ではなくなります。

前章で、「年金をもらえる額は、生涯を通じて平均の給与額の四割と考えましょう」と申しあげました。たとえば若かった頃の平均月給が一〇万円だったとしましょう。その人の「生涯の平均給与額」はその一〇万円時代も計算に含んだものになります。その四割を年金としてもらうのです。

一方、もし経済成長の結果、現在の平均月給が三倍の三〇万円になっているとしたらどうでしょうか。これはつまり、納められる保険料も三倍になっているということです。その保険料収入を、かつて平均月給が一〇万円だった人に支払うわけです。

これはわかりやすくするために乱暴なまでに単純化した例です。実際には年金給付額は、物価や賃金が上がるとそれに連動して調整されるわけですが、ともあれ、このように経済成長しているならば、制度がもつであろうことがイメージできるはずです。

しかし、この二〇年間、デフレによって初任給は劇的に上がっていません。そうなるとなかなか難しいことになってしまいます。マイナス成長が続いて、所得が伸びなければ、人口減少がモロに効いてきて、年金制度は厳しくなります。

仮に、人口増加社会であったとしても、経済が落ち込み、所得が伸びなければ、年金制度は成り立たなくなる可能性があります。

年金制度にとって一番重要なのは「金額」です。今後、人口が少しずつ減少していくと予想されている中で重要なことは、「所得を増やすこと」。経済を成長させて、所得を増やしていく。それが年金制度を安定させる一番のポイントです。

「経済成長は不要だ」などという議論を好んでする人がいますが、この年金の問題一つを考えても、そのような発想がいかに間違いかがわかります。また、デフレを放置、あるいは助長するような経済政策をすることがどれほど罪深いかもわかります。

子供の数が少なくなっても、その子たちが完全雇用状態になり、稼ぎが良くなれば、年金制度は成り立ちます。現在では女性も、以前と比べればはるかに大勢が働くようになりましたので、女性の所得も増えてきています。

〈間違った計算と正しい計算〉

・間違った年金計算──→「人数」で計算
・正しい年金計算──→「金額」で計算

人間の数だけで議論するのは、間違っています。「何人で一人を支えるか」を示すイラストがよくありますが、イラストのイメージにダマされないようにしましょう。やせ細った人が支えるのと、筋骨隆々の人が支えるのでは、まったく違います。経済成長を果たして所得を高めれば、筋骨隆々の人が高齢者を支えることになります。

年金保険は、「人数」ではなく「金額」で考える。それが基本です。

そもそも、人口減少の影響についても、オーバーに捉えられています。

一年で現役世代が二割減るというのであれば、年金制度への影響は大きいですが、四〇年で二割減るのであれば、影響はそれほど大きなものではありません。単純平均すれば、一年で〇・五％の減少ですから、その分、経済成長できればカバーできます。

現在の人口と四〇年後の人口を比べて、「こんなに人口が減るから、大変だ」といってみても意味がありません。戦争や自然災害が起こって、一気に現役世代の人口が減少すると大きな影響が出てきますが、毎年少しずつ減っていくのであれば、変化は小さいですから、心配するほどのことではありません。

「所得代替率」に右往左往するなかれ

年金問題が議論されるときに、「所得代替率」という概念がよく出てきます。

所得代替率というのは、簡単にいえば、現役時代の収入の何パーセントくらいを年金として受け取れるかという数字です。

第1章でも概算の数値を示しましたが、頭の中でたやすく計算できます。「四〇年支払った分と、二〇年かけて受け取る分が同じ」であるのが年金ですから、毎月受け取る額は、毎月支払った額の二倍くらいであろう、ということがわかります。

厚生年金の場合、毎月の給料の中から二割弱程度を保険料として支払っています。ということは、二割×二倍＝四割。所得代替率は四〇％程度になります。

そういう大ざっぱな計算ができることがとても大事です。もらえる額は、だいたい月給の「四〇％程度」です。

その数字を踏まえていただいたうえで、二〇一六年に行なわれた不毛な議論を見ていきます。

二〇一六年十月に国会で民進党の長妻昭議員が質問し、それについて朝日新聞が記事にしました。この記事の内容が間違いであるとして、厚生労働省は抗議をし、朝日新聞が記事を訂正しました。

朝日新聞の記事の見出しは、「年金　不適切な試算　厚労省　収入に対する割合高く」でしたが、厚労省の抗議を受けて訂正されました。

かいつまんでいうと、朝日新聞が記事にしたのは、所得代替率を計算するときに、「分母」は税金や社会保険料を引いた手取り額にして、「分子」は税金や社会保険料を含めた年金額で計算しているため、所得代替率が高く計算されているという内容です。

二〇一三年度の所得代替率は六二・六％ですが、分子も分母も、税と社会保険料を加えた額にして計算すると五〇・九％、分子も分母も、税と社会保険料を除いた額にして計算すると五三・九％となります。これは、国会で塩崎恭久厚労大臣によって明らかにされた数字です。

朝日新聞は、厚労省が「不適切な」計算方式を使って、もらえる割合が高くなるように算出していたという趣旨の報道をしました。それに対して、厚労省は、法律に計算方法が明記されており、「法律通りに」計算しただけだと抗議したのです。平成十六年に改正された国民年金法の附則に、計算方法のやり方と、所得代替率が五〇％を上回るようにすることが明記されています。

朝日新聞は、将来の所得代替率が五〇・六％（四三年度）と試算されているけれども、五〇％を割り込みそうだという推測を書きました。厚労省は、抗議文の中で「直近（平成二十六年）の財政検証においても、経済再生と労働参加が進めば、五〇％を上回る水準が確保できることを確認している」としています。

ちなみに、二〇一〇年の時点でＯＥＣＤは、日本の所得代替率は「三六％」というデータを出していました。六〇％でも、五〇％でもなく、三六％です。

その数字を、私はギリシア危機が起こった際に、『現代ビジネス』で記事に書きました。保険数理から考えれば、四〇％くらいだろうと思っていましたから、三六％という数字に納得しました。所得代替率がそれ以上に高くなるはずがないのです。厚生年金の保険料率は約一八％ですから、倍にすると三六％です。「なんで、日本では五〇％とか六〇％という数字が出てくるんだろう」と不思議に思っていました。

私が書いた「三六％」という数字に、国会議員の人たちは、びっくりしたようです。みんなの党（当時）の議員から、「どうして日本政府が出している数字と、こんなに数字が違うんですか？」と聞かれたので、「国会で質問してみたらどうですか」といいました。その議員は国会で質問したのですが、うやむやな答弁をされてしまったようです。

- 日本政府の試算──▶日本の所得代替率＝五～六割
- ＯＥＣＤの試算──▶日本の所得代替率＝四割弱

モデルの取り方で数字は変わりますので、私は、細かい計算式については知りませんでしたが、長妻議員の質問で、分母と分子で税と社会保険料の入れ方が違うことが一つの原因だったとわかりました。

欧米諸国では、分子・分母の両方に税と社会保険料を加えるか、分子・分母の両方から税と社会保険料を除くかどちらかです。それが国際的には当たり前ですから、日本もそういう計算をしているのかと思っていましたが、違っていたようです。

計算方法が記された法律は、平成十六年の改正国民年金法です。もちろん、この計算方法はずいぶんおかしなものであることは間違いありません。

しかし長妻議員は、平成二十一年に成立した民主党政権下で、厚労大臣を務めています。「ご自分が大臣のときに改正しないで、今さら指摘してもね」というのが私の感想です。法律の計算式がおかしいのなら、ご自身が厚労大臣だったときに変えれば良かったのです。

一方、厚労省が朝日新聞に対して「我々は、法律通りにやっている」と反論するのも、どうかと思います。世界的な基準で見れば、計算式がおかしいのですから、おかしな計算式を「法律通りだ」と言い張るのはいかがなものでしょうか。

計算方法としては、次の二つのどちらかであるべきです。

〈所得代替率の計算式〉
分子分母ともに、税・社会保険料を除く
分子分母ともに、税・社会保険料を含める

日本はこの二つのどちらでもなく、分母は、公租公課の額を控除して得た額（つまり手取り額）となっています。政治的にいえば、おかしな計算式を、自民党政権も民主党政権も見過ごしてきました。

もともと、こういった数字はあまりあてにならないものです。モデルケースをつくるときに、収入が少ないときを基準にすれば、所得代替率は高まります。収入が高くなってからの給料を基準にすれば、所得代替率は低くなります。モデルの取り方で、所得代替率は変わってきますので、いくらでも数字はつくれます。

「所得代替率」が低いほうが年金制度は安定する

朝日新聞に対して厚労省が抗議した件は、表面的には計算式の問題ですが、突き詰めていえば、「五〇％を割り込みそうだ」（朝日新聞）、「五〇％を上回る水準が確保できる」（厚労省）

という議論です。

世界の基準にあてはめて見ると、日本の所得代替率は四〇％弱とされています。もともと四〇％くらいのものを、五〇％を上回るか、下回るかで議論しても意味がありません。

政治家やメディアの人たちの所得代替率についての最大の誤解は、「所得代替率が高いほうがいい」と思い込んでいることです。

「現役のときの七〜八割くらいはもらえないと、老後に生活していけない」という意見もあるでしょう。もちろん、八割の給付をすることは不可能ではありません。そのかわりに、現在払っている保険料は高くなります。国民全員が今よりもはるかに高い社会保険料を支払ってもいいと思うのであれば、八割給付は可能です。しかし、大半の人は、「これ以上、保険料が高くなったら生活していけない」と思うのではないでしょうか。

保険料が低ければ、年金給付額は低くなり、保険料が高ければ、年金給付額は高くなります。これが、年金を保険数理で見たときの、数学的な「事実」です。

現在の保険料負担は、客観的に見ればそれほど高くはありませんから、将来もらえる年金額が高くなることはありません。今くらいの保険料率であれば、所得代替率が五〇％にいくはずがないのです。

先ほど紹介しましたが、ＯＥＣＤは統一した計算式を用いています。『現代ビジネス』の記事で取り上げた数字を再掲しますと、同じ基準で計算したときに、日本の所得代替率は三六％、日本を除くＧ７の所得代替率は四八％、ギリシアはなんと九六％です。ギリシアは、現役時代の給料と同じ額を年金でもらえるということです。

そんな高額の給付をしていたら年金は破綻します。負担を強いられる現役の人の生活は苦しくて仕方がないでしょう。

所得代替率が高いギリシアのような国は、制度が回らなくなって破綻します。所得代替率が低い年金制度のほうが安定するのです。

〈所得代替率はどのくらいがいいのか〉

・所得代替率低→低負担・低給付→制度は安定
・所得代替率高→高負担・高給付→制度は不安定

年金制度としては、なるべく現役の人の負担を抑え、それに応じて、将来の給付もそれほど多くしないという、現行の仕組みが一番安定します。

年金制度は、所得代替率以前に、安定した年金制度であることが重要です。制度が安定していれば、将来、確実に年金をもらえます。

今、支払う保険料が少なくて、将来受け取る年金額が多いという、夢のような話は存在しません。幻想に惑わされず、現実的に考えましょう。

自分が納める保険料が月給の一〇％弱であるならば（会社負担額を加えると二〇％くらいになるので）、将来もらえる年金額は、月給の四〇％くらいです。「今の収入の四〇％ではとても老後の生活ができない」と思う人は、個々で老後に備える対策をしておくのが、一番の自己防衛策です。

あるいは高齢者でも働ける社会にしていくことも、とても重要な施策です。人口が減少していく日本では、マクロ経済的に考えても、そのことはきわめて重要になるでしょう。技能の継承という意味でも、それは大きな意味を持つかもしれません。

ここで、人口減少になると将来の保険料も少なくなりますが、給付額も少なくなって、「保険料」＝「給付額」にはあまり影響は出ません。しかし、これはあくまで「人口減少が予定されているとおりであれば」という前提です。予定外の人口減少では大変なことになるのはいうまでもありません。

マクロ経済ばかりでなく、個人レベルで考えても、働けるならば働いたほうが、自由に使えるお金も増え、暮らしも充実できます。健康維持のためにも、働いたほうがいいという考えもあります。

話を戻しますが、ともかく年金というのは、とてもシンプルです。冷たく感じるかもしれませんが、個人の事情は関係がありません。

「年金がこんな額では、老後に生活していけない」とか「うちの家計は、よそより大変なんだ」とかいった個人的な事情を考慮してもらえるわけではなく、負担に応じて給付額が決まります。

公的年金というのは最低限の「ミニマム」の保障です。ミニマムの保障だからこそ破綻しないのであり、現役世代の給料と同じくらい年金をもらえる制度をつくってしまったら、現役世代の人は給料の大半を保険料として納めなければいけなくなり、制度はすぐに破綻します。

現役のときの保険料負担をできるだけ少なくする代わりに、老齢になってからもらえる年金額は「ミニマム」というのが、現在の年金制度です。逆にいえば、負担の低さと給付の低さのバランスが取れていれば、そう簡単に破綻することはないのです。

年金の「バランスシート」には債務超過はない

年金制度が安定するかどうかは、「人数」の問題ではなく、「金額」の問題ですから、バランスシート（B／S）で考える必要があります。

バランスシートは、左側に「資産」の額、右側に「負債」の額を書きます。

国から見ると、徴収する保険料は「資産」です。給付しなければならない年金は「負債」です。

賦課方式の年金の場合は、将来にわたりずっと続くことが前提ですから、資産も負債も、過去から遠い先の分まですべてを足してバランスシートをつくります。国は永遠に保険料を徴収できますから、「資産」は無限大になります。一方で、国は永遠に給付をし続けますから、「負債」も無限大になります。しかし、将来の「資産」と「負債」の価値を現在価値に直すと、遠い将来に行けば行くほど現在価値は小さくなりますので、無限大にはならずに、計算可能な額になります。

現在価値で見た「資産」の額と「負債」の額は一致します。バランスシートをつくるとぴったりと数字が合います。完全な賦課方式の場合は、バランスシートの「資産」と「負債」

図5 厚生年金バランスシート

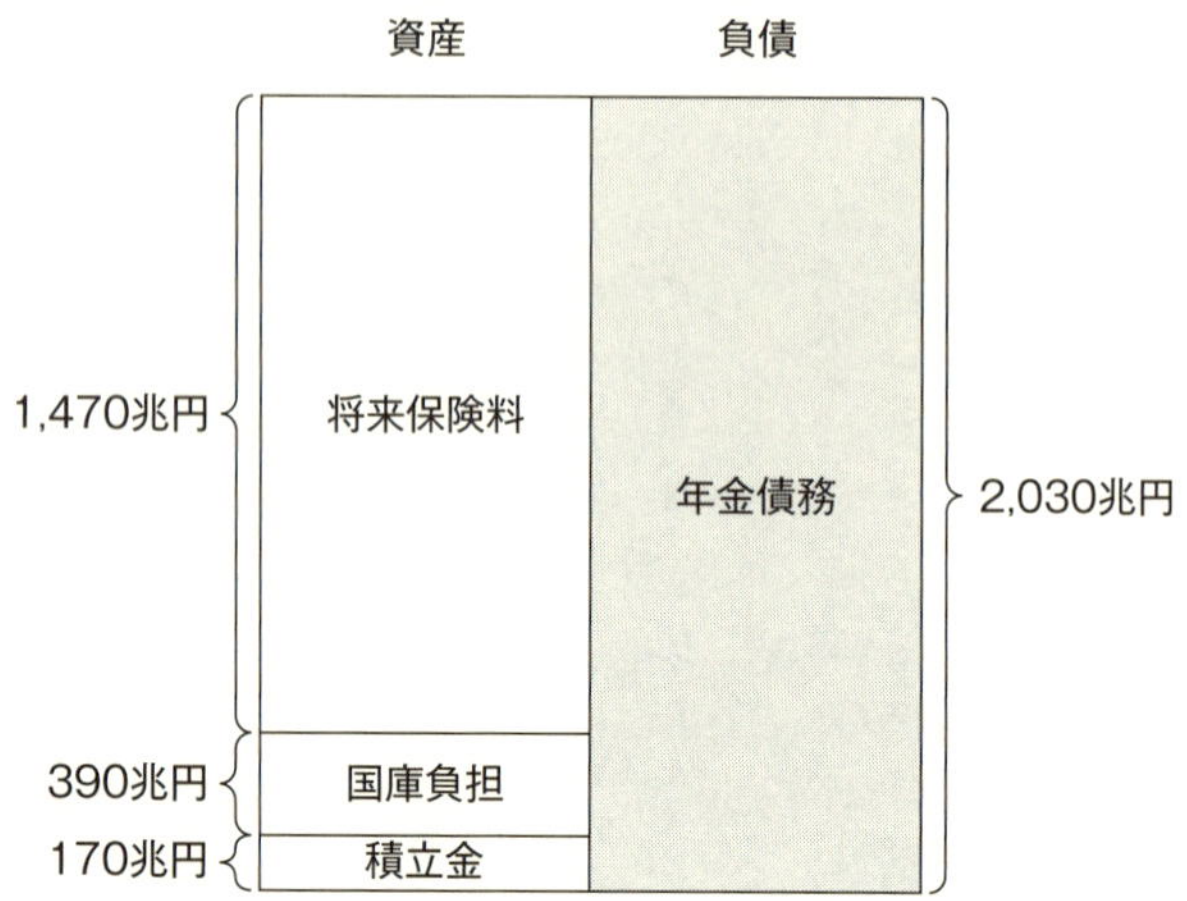

が一致するように、「保険料」と「給付額」が決められるからです。

では、どのくらいの数字になるのか。国は毎年財務データ（国の財務書類）を公表しており、年金のバランスシートも試算しています。

平成二十六年度（二〇一四年度）の厚生年金バランスシート（人口：出生中位、死亡中位　経済：ケースC）によれば、図5のようになります。

「負債」の年金給付債務は、二〇三〇兆円。これは国が支払わなければいけない年金額すべての現在価値です。

「資産」のほうは、保険料一四七〇兆円。徴収できる保険料総額の現在価値です。このほか、国庫負担三九〇兆円、積立金一七〇兆円です。

もし、積立方式でやろうとすれば、年金給付債務の二〇三〇兆円をすべて積立金で用意しなければなりません。しかし、実際には積立金は一七〇兆円で、債務の一割にも満たない額です。つまり、九割方は賦課方式でやっているということが、バランスシートから読み取れます。

年金は、なぜ「積立不足」といわれるのか？

賦課方式は、ずっと制度が続くことを前提にしていますので、「負債」と「資産」は必ずバランスするよう計算されなくてはいけませんし、債務超過は発生しません。

ところが、「日本の年金は積立不足だ」と指摘する人がいます。なぜでしょうか。それは、バランスシートを途中で区切って見ているからです。

未来永劫合わせた年金資産と年金負債でバランスシートをつくれば、「保険料」＝「給付額」という式から、資産と負債は必ず一致しますが、どこかの時点で途中で区切ると、負債のほうが大きくなります。

年金がスタートした時点のことを考えてみると、その理由がわかります。

昭和三十六年に国民皆年金がスタートしましたが、スタート時点で、すでに高齢者になっている人もたくさんいました。

仮に積み立て方式でスタートしたとすると、二〇歳の人は六〇歳まで四〇年間積み立てて、六〇歳以降は自分の積み立てた分をもらえますから、何の問題もありません。四〇歳の人も二〇年くらいは積み立てることができます。将来受け取る額は少なくなりますが、四〇歳の人もそれほど問題はないでしょう。

しかし、六〇歳の人、八〇歳の人は、すでにリタイアしていますので、積み立てることができません。「あなたたちは、一円も積み立てていないから、もらえませんよ」と政治家がいうのはまず無理です。

国民皆年金を積立方式でスタートさせることは難しいため、結果的に、現役世代の保険料を老齢世代の給付に充てる賦課方式にせざるをえなくなります。

最初のうちは、保険料を一円も納めていない人にも給付をせざるをえません。「保険料を納めていないのに、給付を受ける人」が出てきます。単年でバランスシートをつくれば、必ず赤字になります。その分は、税金などで補填するしかありません。

しかし、制度が長く続いていくと、「納めていないのに受け取る人」が減っていきますから、赤字がなくなってバランスしてきます。ものすごく長い目で見ると、保険料と給付はきちんとバランスします。

最終的には必ずバランスして、不足はなくなりますが、どこか途中でバランスシートを切り取ってしまうと、保険料を納めずに受け取っていた人の分がありますから、債務超過になります。

- 未来永劫すべて合わせたバランスシート──→「資産」と「負債」が一致
- ある時点で切り取ったバランスシート──→「債務超過」になる

日本は人口が多く、加入者数が膨大です。保険料を払わずに年金を受け取った人もたくさんいますので、その人たちの分を全部足すとかなり大きな額になります。人数が多いので額も大きくなるのです。

制度が成熟するにつれて、保険料と給付が一致してきますから、不足分は解消されていきます。不足額が大きいからといって、不安になる必要はありません。不足額が年々増えているのであれば問題ですが、少しずつでも減っているのであれば問題はありません。時間はかかるかもしれませんが、いずれは解消されます。

額の問題ではなく、増えているのか減っているのかが重要です。減っているのであれば、どのくらいのスピードで減っていくのか。制度改正によって、保険給付を抑えたり、保険料率を高めたりすれば、減っていくスピードは上がります。

制度設計が正しくても、「経済政策」が悪いと絵に描いた餅になる

政府は、五年に一回「財政検証」というものをしています。「財政検証」は、人口や経済の実績を織り込んで、公的年金財政の健全性を検証するものです。

「財政検証の前提条件となっている数字が実態と違いすぎる」という批判がよくあります。

平成二十一年（二〇〇九年）の財政検証では、平成二十八年度（二〇一六年度）以降の運用利回りを名目四・一％（経済中位ケース）としていました。物価上昇率は一％、実質賃金上昇率は一・五％という想定でした。これに対して「四・一％の利回りの想定が高すぎる」という批判がありました。

しかし、名目成長率を四％にできれば、長期金利が四％になることは普通のことですから、それほどおかしな数字ではありません。

図6 先進国のインフレ率と名目成長率（2000年代）

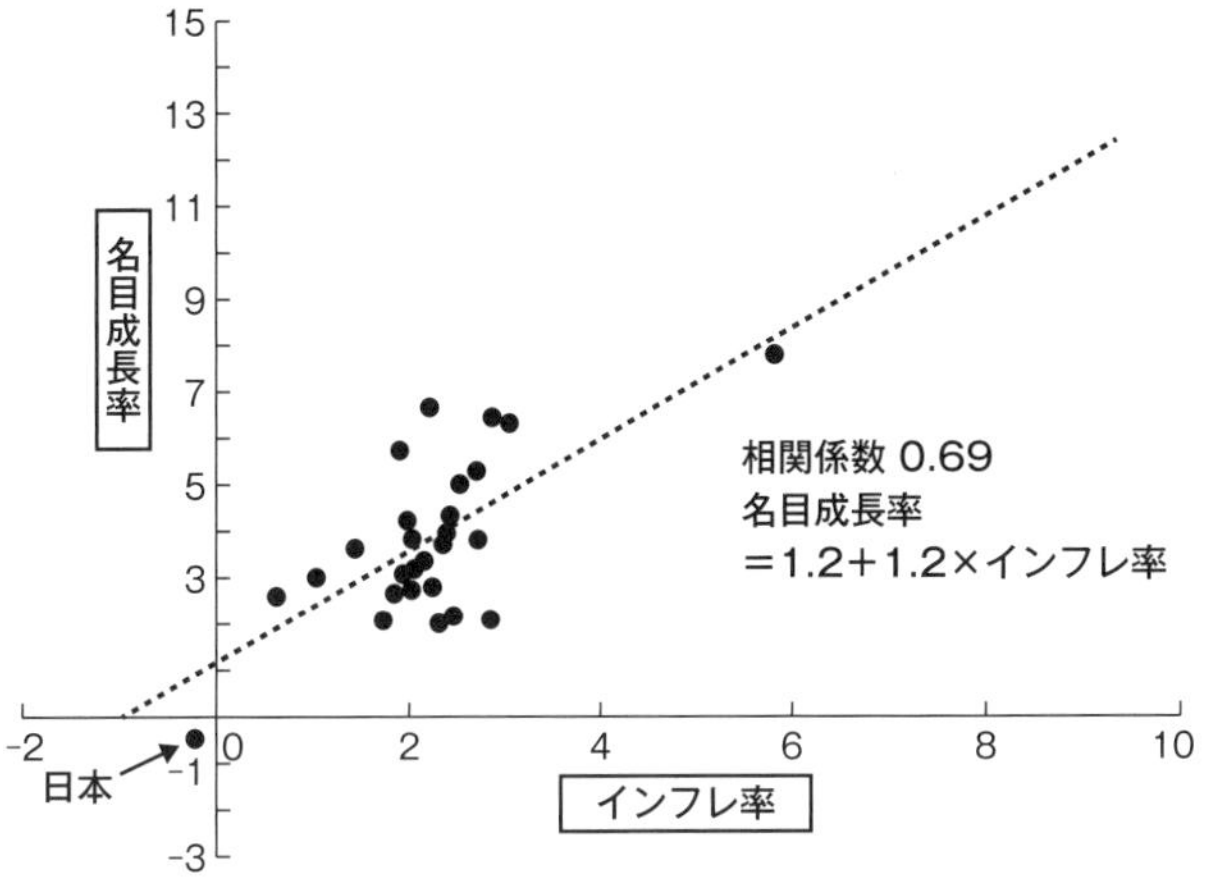

資料：IMF World Economic Outlook

名目成長率が四％というと、「実態とかけ離れているのでは」と感じる人もいるかもしれませんが、二％近辺のインフレ率を達成できれば、リーマンショック級の経済苦境さえなければ、四％程度の名目成長率は、けっして夢物語ではありません（図6参照）。むしろ十分に達成しうる目標値です。

思えば、二〇〇九年はリーマンショックの翌年でした。そのころの経済状況から見ると、途方もない数字に見えたのでしょう。その年に民主党に政権交代しましたが、民主党政権は金融政策にまったく疎く、インフレ目標の設定なども、もちろんなされませんでした。

当時は、マクロ経済政策をきちんとしてい

なかったため、現実と想定との乖離がいっそう大きくなりました。政府が経済政策をきちんとしていなかったのですから、「想定数字が甘い」と批判を受けるのは無理もありませんでした。

しかし、安倍政権へ交代したあとの経済指標を基準にすれば、当時の想定数字はそれほどおかしなものには映りません。政府日銀のマクロ経済政策ができていないと、理想的すぎる想定に見えますが、マクロ経済政策ができていれば、想定が間違っていたとはいえなくなります。

合計特殊出生率の見積もりが甘いという批判もよくありますが、経済政策がきちんとできていれば、多少の少子化はカバーできます。繰り返し述べているように、納付される保険料は、「人数」×「所得」で決まります。人数だけの問題ではありません。

要するに、「財政検証」の想定に問題があるのではなく、「マクロ経済政策の良し悪しの問題」なのです。「経済政策の問題」を「年金の問題」と混同してしまってはいけません。

平成二十六年（二〇一四年）の財政検証ではケースAからケースHの八ケースが想定されています。ケースAの想定は、物価上昇率二・〇％、実質賃金上昇率二・三％、実質運用利回り三・四％、実質経済成長率一・四％です。まったくおかしな数字ではありません。

重要なことは、名目成長率四％くらいになるような経済環境をつくることです。経済政策ができていないと、どんなにすばらしい年金制度をつくっても、行き詰まります。経済政策が良ければ、年金制度はきちんと回っていきます。

アベノミクスでは、雇用を増やしましたが、これは非常に重要なことです。私の勤務している大学では、就職内定率が九五％を超えました。「大学の進路指導が良かった」といいたいところですが、そうとばかりはいえません。他の大学も軒並み就職内定率が上がっているからです。

ここまで就職内定率が高くなったのは、経済環境のおかげです。

アベノミクスの金融政策を批判する人がいますが、そもそも金融政策というのは、雇用拡大のためにやるものです。アメリカの中央銀行は「雇用の最大化」を政策目標として明確化しています。「雇用拡大は金融政策で実現すべき」というのは、日本以外の国ではもはや常識なのです。

そこに目をつぶってアベノミクスの金融政策を批判するのは自由ですが、では、そのような論者が考えている政策で雇用拡大はなしえたのでしょうか？　民主党政権前後の経済政策を考えれば、およそそのような政策に見込みがないことは明白ではないでしょうか。

まずは職があること。そのうえで、賃金が上がればさらによしです。学生が卒業して職に就けなければ、将来を見通せなくなります。年金保険料も払うことができず、将来の年金額は少なくなってしまいます。仮に内定先の給料が低いとしても、それでも、ともかくまずは職を持つことが重要です。

若者の年金を心配するなら、雇用を増やす経済政策をすることです。

公的年金を「税方式」でやったほうがいいか？

社会保障には、「保険方式」と「税方式」があるといわれます。日本の場合は、本書でこれまで見てきたとおり、「保険方式」です。

一方、税方式でやっている国は、ニュージーランドなどいくつかの国しかありません。社会保険料は、英語では「ソーシャル・セキュリティ・タックス」と呼ばれており、税金と同じタックスの扱いです。しかし、ほとんどの国では、年金制度自体は「税方式」ではなく、「保険方式」で運営されています。

保険方式の場合は、保険料の支払いに応じて給付が行なわれます。負担と給付の関係が明確ですから、管理する際には、誰がどれだけ保険料を納めたかという個人ベースの徴収履歴を残しておかなければなりません。ニュージーランドが税方式にしていたのは、コンピュータ化が進む前は、個人の徴収履歴を紙で管理するのが大変だったという理由もあります。

税方式の場合は、一律に給付が行なわれますから、誰がいくら払ったのかという個人ベースの記録を残す必要はありません。税金を納めていない人にも、一律に年金は支払われます。

アメリカ、イギリス、フランス、ドイツなど主要先進国の制度はすべて保険方式です。それは、負担と給付の関係を明確にするためです。

公的年金制度を実現する際には、負担と給付の関係を明確にしなければ不公平感が生まれて、国民の納得を得られません。税方式は、たくさん負担した人も、負担しなかった人ももらえる額は一律になり、不公平感が生まれます。

保険方式にして「保険料を多く納めた人には、保険料をあまり納めなかった人よりは、給付を多くしてあげます。だけど、本当に貧しい人は、国が代わりに保険料を払ってあげて年金をもらえるようにします」というのであれば、国民が納得しやすくなります。

厚生労働省も次のような論点を挙げて、保険方式のほうがすぐれていると主張していました。

①自助と自律の精神を基本としている
②保険料の納付実績が記録され将来の給付の根拠となるため権利として年金を主張できるという安心感がある
③基礎年金の給付費は今後巨額に達する見込みであることから社会保険方式を基本とした税財源との組み合わせが、もっとも安定的な運営方法である
④主要先進国でも公的年金はほぼ例外なく社会保険方式を採用している

先進国では保険方式を採用したあとで、税方式に変えた国はありません。途中から税方式に変えた場合、それまでにたくさんの保険料を納めていた人と、納めていなかった人の扱いが同じになってしまいます。保険料をたくさん払った人は納得しないでしょう。

保険料を納めていた人が全員死亡するまで、三〇年も四〇年もかかりますから、税方式の移行には、膨大な時間がかかります。さらにいえば、移行期間は保険方式と税方式が併存するため、混乱が生じかねません。

すでに保険料が法的には税とされていることと、長い年月と多額のコストをかけてまで移行するメリットはないことから、どの国もずっと保険方式のままです。

〈年金の二つの方法〉
- 保険方式──→負担と給付の関係が明確──→個人別記録が必要
- 税方式──→負担と給付の関係が不明確──→個人別記録は不要

保険方式を維持しながら、「賦課方式」から「積立方式」に変えたほうがいいという意見もあります。

しかし、賦課方式を積立方式に変更するのも、かなり大変です。現役世代が支払った保険料はすでに老齢世代に支払われてしまっているのですから、積立方式に変更すると、今後、現役世代は「自分の分」と「老齢世代の分」の両方を支払わなければいけなくなります。

二重の負担は大変ですから、他の国でも、賦課方式から積立方式に変更された年金制度はありません。実例がないから、どうやっていいのか、誰もわかりません。

賦課方式から積立方式への移行は、移行期間を一〇〇年くらいにすれば、理論的には可能かもしれません（検証したことはありませんが）。ただ、制度が完全に移行するにはかなり時間がかかるはずであり、現実的な方法といえるかどうかはわかりません。

ただし、賦課方式では世代間の不公平はどうしても避けられません。すでに保険料を払っていない人が年金をもらっている（第1章や本章で触れたように年金制度発足時に高齢者だった方々です）ので、その穴埋めを後世代はするだけであり、先の世代の人ほど有利ともいえます。

世代間不公平を本当に解決したいなら、積立方式が望ましいです。この意味で、政治的な挑戦はありだと思っています。

「年金制度」よりも「健康保険制度」のほうが運営が難しい

皆さんは、同じ公的保険制度で比べた場合、「年金制度」と「健康保険制度」とでは、どちらが難しいと思われるでしょうか。

結論をいえば、「健康保険制度」のほうが、はるかに難しい問題を抱えています。

年金の場合は、多くのことが予測可能であり、それをもとに年金数理で計算できます。人口減少の問題にしても、戦争や自然災害などが起こらないかぎり、一〇年後、二〇年後の人口はほぼほぼ予測可能です。予測可能なことに対しては、計算ができます。

一方、健康保険の場合は、予測が難しい面があります。一〇年後、二〇年後に総額でどのくらい医療費が必要になるのかを簡単に予測できません。どんな病気が増えるかわかりませんし、さらには、その治療費にどのくらいかかるかも予測できません。医療はどんどん進歩し、すばらしい治療法、薬が開発されます。それらはものすごく高額になる可能性もあります。「どんなに高い治療を受けてでも助かりたい」と思う人はたくさんいます。たとえば、ガンの高度な治療の中には、一回で数百万円するものがあります。現在は、お金持ちの人が自費で受けています。そのような治療が効果を上げることもあるようです。

こういう現実を目にして、自分で何百万円も払えるお金持ちだけが助かって、貧乏な人は助からないということに理不尽さを感じる人はいます。「こんなに助かる新薬なら、保険適用にして、みんなが使えるようにしてくれ」という声が必ず出てきます。

高度な治療が開発されたときに、どこまでを保険適用にするのかは、大きな問題です。もちろん、可能なかぎり人の命は助けたいと考えるのは人情です。しかし一方で、もし大盤振る舞いをしすぎて健康保険制度が破綻してしまったら、保険給付が行きわたらなくなって、簡単な病気でも亡くなってしまう人が続出するかもしれません。命がかかっていますから、線引きは簡単ではありません。

延命治療の是非についても議論されるようになるかもしれません。植物人間のようになった人の治療費をどこまで保険で出すのか。もはや治癒の見込みがない人の治療費をどうするのか。人間の尊厳とも関わる問題ですから、簡単に結論は出せません。

際限なく保険適用をすることはできないですから、国民の合意を得ながら、どこかで線引きしていくしかありません。そういうことが決まらないかぎり、給付額の総額を算出することができません。予測できないことが多いため、年金よりも医療のほうが計算しにくい面を持っています。

現実的な解決策として、公的健康保険で、一定程度までの治療を保障して、それ以上は自費で出すかたちがあります。「差額ベッド」のような状況です。

また、高度な医療を受けたい人は、その部分だけは自費で受けられるようにする「混合診療」も進んでいくだろうと思います。高度な医療に関しては、民間の医療保険がかなりカバーするようになってきています。

一定程度までの保障は「公的健康保険」、それ以上の高度医療の保障は「民間医療保険」という棲み分けになっていくでしょう。

今後、高齢化が進むと、医療ニーズはますます高まりますが、国民が負担できる保険料の額には限度があります。おそらく、保険給付できる医療費の総額が設定され、総額の範囲内で、医師が患者の症状を選別して、症状の重い人に厚く配分されるようにする方法がとられるのではないかと思います。

今でも医療現場では優先順位付けが行なわれています。病棟ごとに予算が決められている場合は、重い病気の人のケアにできるだけ予算が使われるように優先順位が付けられます。医師の判断に任せる部分が、さらに多くなるのではないかと思います。

健康保険の持続可能性を高めるためには、枠組みの見直しは必要です。病気になる確率は地域によってかなり差があります。寒い地域と暖かい地域でも、健康状態は違ってくるでしょう。ある程度、地域分けしたほうがうまくいきます。

保険原理からいうと、なるべく特性が同じような人を集めたほうがやりやすくなります。年金の場合は、大きな母集団が必要ですが、医療保険の場合は、そこまで大きな母集団は必要ありませんので、地域差を考慮すべきでしょう。

ただし、あまり細かく地域分けをすると、若年層の多い都市部と高齢者の多い地方部が分かれてしまいます。少なくとも道州（現在の四七都道府県を一〇程度の「道」や「州」に再編する考え方。様々な区分け案があるが、一例を挙げれば、北海道、東北、北関東、南関東、北陸信越、東海、関西、中国、四国、九州、東京特別、大阪特別などの規模感）くらいの大きさが必要です。

このような規模でブロックをつくり、地域別に分けると健康保険はより効率的に運営できます。現在は市町村、都道府県単位ですが、それでは規模が小さすぎていずれ行き詰まるでしょう。都道府県を複数集めた道州くらいの大きさが一番うまく回るはずです。

今後運営が厳しくなると予想される健康保険に関しては、道州制を含めた議論が必要になります。

「公的年金破綻説」はことごとく間違っている

何度も繰り返しますが、「公的年金が危ない」という情報を流しているのは、多くの場合は、年金の仕組みを理解していないメディアの人たちです。

専門家の中にも、不安をあおるようなことをいう人がいますが、実際には「年金制度が危ない」とは思っていないでしょう。「危ない」ことを裏付ける根拠がないからです。

年金問題の解決法として、「無駄カット」の話がよく出てきますが、本当に危ないのであれば、無駄カットどころか、すぐに根本的な対処をしなければいけません。無駄カットのようなレベルの話が出てくるのは、本当は危ないと思っていないからだろうと思います。

巷《ちまた》の様々な「年金破綻」説に惑わされないように、ここまで述べてきたことを整理してみます。

■少子化で年金制度が成り立たなくなる？

人口が急減するのではなく、漸減していく状態では、保険数理の計算さえしっかりしておけば年金制度が破綻することはありません。負担が少し増え、給付が少し減るというくらいで調整できます。そのような仕組みとして、すでに「マクロ経済スライド」が用意されています。

また、経済政策によって一人ひとりの「所得」を拡大できれば、徐々に進む人口減少分を十分にカバーできます。

■積立不足額が大きいから危ない？

非常に長い目で見ると、年金のバランスシートはバランスします。最初のうちは、保険料を払わないで年金給付を受ける高齢者がいますから、その分が債務超過になります。制度が成熟するにつれて、保険料を納めずに給付を受ける人が減り、不足分の数字はだんだん減っていきます。

■年金積立金が枯渇する？

積立金は枯渇するかもしれません。しかし、日本の公的年金の根幹は、積立方式ではなく、賦課方式です。

賦課方式は、その年に集めた保険料を、その年の給付に使いますから、積立金はほとんど必要ありません。

積立金がほぼ枯渇しても年金は破綻しません。

日本の公的年金は、長期のバランスシートでは一七〇兆円くらいの積立金（積立金の取り崩し及び運用収入）を持っていますが、そもそも、それだけの積立金を持つ必要はありません。流動性確保のために一〇兆円程度の積立金があれば運営できます。

■所得代替率五割を維持できなくなる？

所得代替率は、はじめから五割を切っています。日本ではなぜか六〇％くらいの数字が示されていますが、OECDの数字では、日本の年金の所得代替率は四割程度です。五割という数字を持ち出すほうがどうかしています。

所得代替率は、保険料負担と連動しています。保険料負担が低ければ、所得代替率は低くなります。所得代替率が高いほうが年金制度はより不安定になります。ものは考えようで、所得代替率が四割程度というのは、年金制度の安定化にはつながっています。

■年金制度の前提となる想定数字が間違っている？

「名目経済成長率」「利回り」については、四％くらいまでなら、日本の実力からすればおかしな数字ではありません。その数字に達しないとすれば、想定数字が間違っているのではなく、「経済政策」が間違っているということです。

少子化が想定より加速することはありますが、年率にすると大きな数字ではありませんので、通常程度の経済成長をしていればカバーできます。

保険料の未納率の数字に関しては、きちんとした徴収をすれば変わります。未納率が想定より高くなったのだとしたら、徴収を厳格化する必要があります。

■世代間不公平であり、若者が損をする？

世代間不公平はあります。しかし、皆年金制度ができた当初から世代間不公平はありました。当時の高齢者は、保険料を納めていないにもかかわらず年金を受給していたのですから、若い人から見ると、これ以上の不公平はありません。

保険料を納めずに年金を受給する高齢者の分をどうやって埋めるかが課題となり、国費が投入されました。年々、保険料を納めなかった人は減っていきますので、時間が経つと穴は埋まっていきます。

むしろ、就職できない若者がいると、いっそう若者の年金が減りますので、雇用政策が重要になります。


ここで見てきたように、巷の「年金破綻説」はだいたい間違っていますが、もし、本当に公的年金が危なくなるとすれば、それは「ずっと経済成長をしなくなった場合」です。

経済が成長しない場合は、残念ながら年金は破綻します。年金だけでなく、すべての社会保障が破綻します。

年金の制度そのものについては、それほど心配する必要はありません。かなり持続可能性の高い制度になっています。ただ、制度が安定するかどうかは、経済の状況次第です。

そういう意味では、年金のために国がやるべき一番重要なことは「経済政策」だということになります。

第3章

年金に「消費税」は必要ない

年金が「保険」だと広く知れわたると困る人がいる

第1章で述べたように、年金は「保険」です。どこからどう見ても「保険」でしかありません。しかし、年金が「保険」であることが広く知れわたってしまうと、困る人たちがいます。それは、財務省の官僚であり、厚労省の官僚です。

年金が保険だと国民にわかってしまうと、「保険なら、保険料でやればいいじゃないか」という話になってきます。そうすると、財務省が望む「消費税増税」が吹っ飛んでしまいます。第1章でも述べたように、もし、そんな意見が国民のあいだで広がれば、保険料が上がることになりますが、保険料を管轄するのは厚労省であって財務省ではありません。財務省からすると、自分のシマの拡大にはつながりません。

財務省としては、「消費税があなたの年金になるんですよ。老後の安心のためですよ」といって、消費税を増税したいと思っています。年金が保険だということがバレてしまうと、財務省のロジックが成り立たなくなります。年金が保険であることをひた隠しにして、国民にわからないように、うまくロジックをすり替えています。

厚労省も似たようなものです。年金が保険だということがバレると、「年金財政が苦しいなら保険料を上げろ」という意見が出てきます。保険料を上げたときに、国民からの矢面に立たされるのは厚労省です。「保険料負担が重い」「国民いじめだ」と厚労省がバッシングを受けます。

厚労省（日本年金機構）としては、保険料を集めるのが大変ですから、それならば財務省の陰に隠れていて、国税庁が集めた消費税をそっくりそのまま、年金財政にいただいたほうがラクです。消費税でやってもらえば、「保険料が高くなった」という批判も受けなくて済みます。

「保険」だということがわかってしまうと、厚労省は財務省の陰に隠れていられなくなります。厚労省も、保険であることを何とかして隠したいと思っています。

結局、財務省と厚労省は利害で結びついて、手を組んでいるような状態です。保険であることが前面に出てこなくなり、国民の中に「年金は、国からもらえるもの」「年金は福祉だ」という誤解を生んでいます。

「福祉のために消費税を上げるのはやむをえない」という人が増えれば、消費税は増税されます。

消費税増税が経済にどういう影響を与えるかは、二〇一四年四月の消費税率八％への増税後の経済状況の落ち込みを見れば明らかです。

前章の最後に強調したように、年金の安定にとって一番重要なことは、「増税」ではなく、「経済成長」なのです。もちろんデフレも脱却し、経済成長が軌道に乗ったら増税するのもいいと思いますが、現在のような経済状況で消費税増税を強行してしまったら、その一番大事な経済成長の腰をへし折ってしまいます。それは年金制度のことを考えても、まさに本末転倒といわざるをえません。

年金保険に「消費税」はまったく関係ない

「保険」というのは、被保険者が保険料を納めて、給付を受ける仕組みです。きわめて単純な仕組みで、どこにも消費税の話は出てきません。

民間の保険のことを考えてもらえば、よくわかると思います。保険料とその運用ですべてまかなわれています。

公的年金保険は、公的な管理がされていることと、皆保険としてすべての国民に義務づけられていることが、民間の保険とは違いますが、「保険」であることに変わりはありません。保険である以上、保険料とその運用によって、すべての支給がまかなわれるべきものです。

しかし現実には、所得が低くて「保険料」を払えない人がいます。民間の保険であれば、保険料を払えない人は、加入できず、給付もされません。しかし、公的年金は皆保険ですから、すべての人が保険料を納めなければなりません。所得が低くて払えない人の分は、どこかから持ってくるしかありませんが、どうするのが一番いいでしょうか。

正解は「所得税」です。所得税の場合、累進課税制度になっています。すなわちお金持ちからは厚く、そうでない人からは薄く税金を徴収しています。それによって所得の再分配を行なっているのです。

年金保険料の不足分を所得税で徴収すれば、お金持ちからたくさん税金をもらって、そのお金で保険料を支払えない人の分をまかないます。そういう意味では、公的年金保険でもっとも公平なのは、「保険料」＋「所得税」です。

一方、プロローグでも触れましたが、「消費税」の場合、金持ちとそうでない人のあいだの所得再分配機能は、あまり期待できません。その意味では、そんな税金で保険料をまかなうことにしたら、保険料を払えない貧しい人の保険料を、同じく貧しい人も等しく支払っている消費税から持ってくるかたちになってしまいます。別にそれでもいいのですが、発想としてはどこか間違っているように思えます。

つまり、公的年金には税金を投入するにしても、すぐに「消費税だ！」と決めつけることの妥当性はどこからも出てこないのです。「保険料＋所得税」――これがきわめてまっとうな年金保険の考え方です。

〈保険原理〉
・公的年金保険→保険料＋所得税（保険料を払えない人の分を所得税で補塡）
・私的年金保険→保険料のみ（保険料を払えない人は加入できない）

繰り返し述べますが、つまり保険原理からいえば、消費税はまったく必要ないものです。世界各国ともに保険原理でやっていますから、消費税を社会保障に充てる国はありません。「税と社会保障」という言葉で、「社会保障のためには消費税を上げなければいけない」といわれますが、「それ、違うでしょ。消費税は関係ないでしょ」で終わる話です。保険原理をわかっていないと、「社会保障のために消費税だ」というまやかしを信じ、頭にすり込まれてしまいます。
「給付が増えて保険料が足りなくなったらどうするの？」という疑問が出てくるかもしれま

せん。保険原理からいえば、「保険料を上げる」という解が筋なのです。

関係者のエゴむき出しで年金制度がゆがめられてきた

消費税が社会保障の財源になりかけたのは、小渕政権の一九九九年にさかのぼります。当時は自自公（自民党、自由党、公明党）連立政権でしたが、自由党の小沢一郎党首は財務省から「消費税を上げるために、社会保障に使うといってください」と持ちかけられました。財務省が小沢氏を利用したことで、「消費税で社会保障をやろう」ということになり、予算総則に「消費税収入を社会保障に使う」と記述されました。

年金に関心の高い高齢の有権者ほど、「消費税の社会保障目的税化」といわれると、「それならば仕方がない」と受け入れてしまいます。

当時の大蔵省は、一九九〇年代に税調答申に「消費税を社会保障目的税にしている国は存在しない」という一文を書き入れました。その後、この一文が必ず入っていましたが、二〇〇〇年代から消されてしまいました。

財務省は、社会保障を人質にとって、「消費税を上げないと、社会保障ができなくなる」といっていますが、保険方式の社会保障が大変であれば、「保険料」を上げるのが筋です。

それでも足りなかったら、「所得税」の投入を検討するしかないでしょう。

しかし、なぜか日本は、年金に税金を投入する国庫負担率を増やしています。以前は基礎年金に対する国庫負担率は三分の一でしたが、平成十六年（二〇〇四年）の法改正で、平成二十一年度までに国庫負担率を二分の一に引き上げることに決まりました。国庫負担率が三分の一でも多いと思いますが、国庫負担率が二分の一に達しています。

「保険料引き上げ」が本来のやり方であるのに、それができないのは、反対する勢力があるからです。それは、経済界です。

企業は、従業員の保険料の半額を負担しなければなりません。保険料の引き上げによって負担が重くなるので、保険料引き上げに反対しています。

保険料の引き上げができないのであれば、「法人税を上げる」といえばいいのですが、これに対しても経済界は強硬に反対します。保険料も法人税も上げられたくないので、「保険料ではなく消費税で」ということになっています。

「社会保障は消費税で」というのは、まったくロジカルな話ではなく、関係者たちのエゴむき出しで、恥ずかしくなるようなレベルです。こうした政治力学の積み重ねで保険料引き上げができずに、制度がどんどんゆがめられていきました。

税金の仕組みを知れば、スッキリとわかる

税金のことを詳しく知らない方も多いと思いますので、ここで税金について簡単に説明をしておきます。税金の体系がわかると、年金に使うべき税金の種類がわかると思います。

税金は、何種類あると思いますか。

いろいろな名前の税金がありますので、たくさんの種類があると思っている人もいますが、もっとも単純化していえば、

1　所得税
2　消費税

の二つしかありません。

所得税は所得源泉で、消費税は消費源泉（支出源泉）です。個人の財布に入る入り口で税金を取るか、財布から出ていく出口で税金を取るかどちらかです。割り切っていえば、この二つしか税金はありません。ただし、所得税の中には資産税を含めています。

「法人税はどうなの？」と疑問に思う人がいるかもしれません。実は、法人税は、所得税をきちんと取ることができれば、取る必要のない税金です。

そもそも法人というのは、架空の「人」であり、存在しない「人」です。法人が得た所得は、最終的には給与と配当になり、実在の「人」に渡ります。給与は従業員の手元に渡り、配当は株主の手元に行きます。ですから、給与所得と配当所得をきちんと「捕捉」することができれば、法人税はゼロにしてもいいくらいなのです。しかし日本では、長年、クロヨン（サラリーマン九割、自営業者六割、農林水産業者四割）、トーゴーサン（サラリーマン一〇割、自営業者五割、農林水産業者三割）といわれてきたように税金の捕捉率が低いままなので、それができないのです。

給与所得、配当所得という名が付いていることでわかるように、どちらも「所得税」です。

企業が内部留保したらどうなるのか。その企業の株の価値が上がります。株主に対して資産課税をすれば、税金を取ることができます。

つまり、「法人の所得」はすべて分解できて、「個人の所得」に還元できます。個人の所得をきちんと捕捉できれば、所得税ですべて取ることができます。実在の「人」から税金を取れば、法人という存在しない「人」から税金を取らなくてもいいのです。これが基本的なロジックです。

よく「法人税を下げないと、国際競争力が下がる」という人がいます。「鶏と卵」的な議論としてはわからなくはありませんが、しかし、本来のロジックとしては間違っています。

他の国は「労働所得（給与所得）も配当所得も資産所得もきちんと捕捉できるようになって、所得税で取れるようになったから、法人税は下げてもいいよね」というロジックで法人税を下げています。所得を完全に捕捉して所得税で取ることができれば、法人税を取ると二重課税になってしまいます。本来、法人税下げの趣旨は、「国際競争力強化のため」ではなく、「二重課税をなくすため」です。

個人所得の完全な捕捉はできませんから、法人税は少し残りますが、所得税の捕捉率が高まれば、「二重課税排除」の趣旨から法人税を下げるのが世界のセオリーです。

捕捉率が高まれば、法人税はゼロに近づいていき、所得税だけになります。ゼロになる税金を保険料の穴埋めに使うことはできません。その意味でも、法人税は保険料の穴埋め候補から外されます。

「二重課税排除」を知らないと、いつまでも税金を二重取りされる

二重課税排除の問題では、よく「相続税」が挙げられます。間違いなく、これも二重課税です。すでに税金をかけて残った財産まで、人が死んだのをいいことに召し上げようというのですから。

相続税という仕組みがかろうじて許されるのは、「生前に所得の段階ですべてを捕捉できないときには、死後に遺族から取るしかない」ということがあるからです。しかし、所得をきちんと捕捉できていれば、所得段階で税金を取れますから、相続税も取る必要はなくなります。

生きているときに払うか、死んでから払うかという違いだけですから、所得税と相続税は同じ範疇にあります。理論上は、どちらかを高く取れば、もう一方は低くなるように徴収します。単純な理論ですが、知っている人は少ないと思います。

一般的には、政府は早く税金を払ってほしいので、なるべく生きているときに所得税で取ろうとします。それを毎年続けていくと、最終的には「今までに、もういただきましたから、これ以上はいただきません」ということになって、相続税をゼロにしている国がいくつ

もあります。その反対に、所得税を低くして、相続税をたっぷり取るやり方もあります。どちらでもいいのです。どちらを国民が好むかで、政治で選択してもらってかまわないのです。日本の場合は、所得の捕捉率が低いために、相続税が高くなっているだけです。

このようなことを知らないでいると、所得の捕捉率が上がっても、いつまで経っても税金の二重取りをされてしまうかもしれません。お気をつけください。

繰り返しますが、もし完全な所得捕捉ができるのであれば、法人税も相続税もいらなくなります。所得税一本で徴収できます。法人税や相続税を下げたいのであれば、まずは所得捕捉を厳格化することが必要になります。

実際に、所得捕捉の方向に動いています。マイナンバーの導入は、税率を変えないで所得捕捉を増やして税収を高める効果をもたらすでしょう。所得捕捉が高まり、所得税が増えれば、法人税減税ができます。

他の多くの国は、日本より先に国民番号を導入し、所得捕捉を増やして、さらに法人税を引き下げようとしています。

なぜ「消費税」を年金に投入すべきではないのか？

さて、多くの税金は、今述べてきた「所得税」のカテゴリーに入りますが、もう一方のカテゴリーは、「消費税」です。こちらはまったく性質が違います。「お金が入ってくる」所得段階ではなく、「お金が出ていくとき」に課税されるものです。

消費税について考えるには、税金とその使われ方の関係について知っておく必要があります。

税金は、行政の業務に使われますが、地方と国では業務の役割分担があります。

基礎的業務は地方の自治体で行ない、自治体でできないことは国が行なうという地方自治の大原則があり、「補完性原則」と呼ばれています。補完性原則は、EUと加盟国のあいだの原則としても採用されています。

基礎的業務というのは、わかりやすい例でいえば、ゴミ収集です。ゴミ収集業務は、基礎的な業務ですから、国ではなく地方の自治体単位でやるのが原則です。ゴミ収集が滞ると、住民は困ります。基礎的業務は、「景気の良し悪し」などに左右されてはならず、常に行なわれるようにしなければなりません。

そのような性格の基礎的業務にふさわしい財源は、景気に左右されにくい「消費税」です。

税金には、「応益税」と「応能税」という分け方があります。応益税は、受ける行政サービスに応じて払う税金で、応能税は負担能力に応じて払う税金です。

消費税は、応益税です。消費税はゴミ収集など地方の基幹業務のサービスのために使われるのがふさわしい税金です。一方、所得税は応能税であり、こちらは国の業務のために使われるのがふさわしい税金です。

〈応益税と応能税〉

・応益税（消費税など）――受ける役務に応じて払う税――地方の基幹業務向き
・応能税（所得税など）――負担能力に応じて払う税――国の業務向き

「応益税は、地方の基幹業務に充てる」という税理論に基づけば、消費税を年金保険料の穴埋めに使うことは、筋違いです。

「保険のロジック」で考えると、保険料を支払えない人の穴埋めには「どの財源を使ってもいい」という考え方もでき、消費税を排除できないことになります。しかし、「税のロジック」の発想からいえば、応益税である消費税は地方の基幹業務に使うべきものであり、保険料の穴埋めに使うのは、間違っているという結論になります。

年金保険料の穴埋めに使うべきは、応能税である所得税、法人税などです。前述したように、法人税は所得税に帰着させられます。したがって、「所得税によって保険料の穴埋めをするのが一番合理的」という結論になります。

先ほど、「年金財源としては、累進課税制度の所得税を入れたほうが公平性が高い」と述べました。現象としてはそうなのですが、しかし実はそれ以前のレベルの話で、年金財源に所得税を投入するのが当たり前なのです。あくまでも、「保険のロジック」と「税のロジック」の二つによって他の税金が排除されるので、投入すべきは所得税ということになるのです。

財務省の「社会保障のために消費税増税を」という主張は、「保険のロジック（保険は保険料で）」から見ても、「税のロジック（国の基幹業務は応能税で）」から見ても、まったく論理性がありません。

第4章

欠陥品「厚生年金基金」がつぶれたのは当然だった

九〇年代にはわかっていた「厚生年金基金」の制度欠陥

プロローグで、私は理学部数学科出身だったので、卒業するときに厚生省からお誘いがあったという話を紹介しました。厚生省には数学のプロ中のプロが就く「年金数理官」という専門職があります。数学好きの私からすると、数理官の仕事はとても魅力的でしたが、専門職ですから幅広い仕事はできません。その点を考えて、私は大蔵省に行くことにしました。

数学科の先輩で、生命保険会社でアクチュアリーをしている人がいましたが、ときどき担当者として大蔵省に説明しにきていました。アクチュアリーは、「数理専門家」と訳されますが、数学のプロでないと受からない試験です。先輩から「アクチュアリー会の名誉会員になってほしい」と頼まれました。大蔵省の役人が名誉会員にいると、会にとって都合が良かったのでしょう。実力で会に入るわけではないので恥ずかしかったのですが、一応引き受けました（もっとも、名誉会員も恥ずかしいので、もう遠慮しています）。

そんなこともあって、大蔵省の中では「髙橋は年金数理の専門家だ」というイメージを持たれていたのでした。

一九九〇年代に日米金融協議があり、アメリカから投資顧問参入要求などが突きつけられました。投資顧問というのは、年金など資産を運用する会社です。日米協議の際に、大蔵省では私が交渉担当になり、厚生省からも担当者が来ていました。

このときに、年金制度についてかなり深く勉強し、いろいろな問題点に気がついてしまいました。とりわけ、「これはマズイ」と思ったのは、「厚生年金基金」のことでした。

それで、実は私はペンネームを使って、一九九四年から年金の制度欠陥について指摘する論文を書き、発表しました。当時、私は大蔵省証券局に勤めていましたが、大蔵省の人間が厚生省管轄の年金制度を批判するわけですから、ペンネームを使わざるをえませんでした。

私のペンネームは三つありました。「日野和一」「大野興二」そして「笠井隆」です。

少し謎解きをしますと、「日野和一」と「大野興二」は、四大証券の名前からとりました。「日野和一」は、日興の「日」、野村の「野」、大和の「和」、山一の「一」。同じように「大野興二」は、大和の「大」、野村の「野」、日興の「興」、山一の「一」です。私は証券会社担当でしたから、ちょっとした遊び心で、四大証券から拝借した名前にしました。

もう一つの、「笠井隆」は、大蔵省の某局長のあだ名からもらいました。その局長は、部下から「あの人にいったん捕まると、大変な思いをする」といわれた人でした。一〇〇〇本ノックどころか、徹底的に調べなければいけなくなって、大変なことになります。部下たちは、そんな局長に「火砕流」というあだ名を付けていました。それをいただいて「かさいりゅう」と読める「笠井隆」にしたのです。

まず私は、日野和一のペンネームで金融業界誌『金融財政事情』に年金についての論文を書きました（巻末に、当時の論文を掲載します）。指摘したのは、「積立金の運用」と「厚生年金基金」の問題点です。

この論文が、厚生省の痛いところを突いてしまったので、厚生省がものすごい剣幕で怒り、「誰が書いたんだ。探せ！」ということになりました。編集部は秘密を守ってくれましたが、厚生省は「大蔵省の髙橋に違いない」と当たりを付けてきました。もちろん私は、徹底的にしらを切りました。

一雑誌に出た論文にすぎませんから、厚生省が問題視しなければ何もなく終わったのですが、厚生省が騒いだことで、かえって注目が集まりました。私の論文に対する厚生省側の反論も載りました。

『金融財政事情』の編集者からは、「この議論は面白いからさらにやりましょう」という注文が入り、私は、どんどん書きました。厚生省は激怒したようで、最終的に、『金融財政事情』の購読停止をちらつかせてきたようです。

議論は、もはや決着していたようなものでした。雑誌にこれ以上迷惑をかけるといけませんので、私は書くのをやめました。

ところが、「この議論がとても面白かった」と『日経ビジネス』の編集者にいわれ、今度は、笠井隆のペンネームで『日経ビジネス』に論文を書きました。PHP研究所の月刊誌『Voice』にも論文を載せました。

性質の違うものを一緒にしてしまった「厚生年金基金」

なぜ、そんなことをしたかといえば、日米金融協議を担当したのを機に、厚生年金基金についても勉強してみたら、知れば知るほど、「この仕組みは必ず破綻する」という結論に至ったからでした。

先述のように、「厚生年金基金」は、厚生年金に上乗せする三階部分で、企業や業界がつくる私的な年金です。

なぜ破綻すると予想したのか。

それは、厚生年金基金には厚生年金の「代行部分」があるからでした。厚生年金基金は、「私的な上乗せの年金」ですが、国に納める「公的年金」の厚生年金の一部（代行部分）と合わせて運用する仕組みになっています。

しかし、まったく性質の違う「厚生年金の一部（公的年金）」と「上乗せ分（私的年金）」を一緒に運用することなど、できるはずがありません。そもそも、公的年金は、集めた保険料をすぐに老齢世代に支払う賦課方式。私的年金は、自分の払った保険料を積み立てておいて老齢になったらもらう積立方式です。まったく性質の違うものを一緒に運営するという発想自体、どうかしています。

数学的に考えても運営は困難です。

厚生年金は、全国民の人口構成・平均寿命で計算して、どのくらい保険料を取ったらいいかを計算します。

一方、厚生年金基金の上乗せ部分は、業種、業界、企業によって、事情がまったく違います。一般的には、社歴の浅い企業は若い人が多くなり、社歴の古い企業は年齢の高い人が多くなります。業界別に見ても、高齢化が進んでいる業界もあれば、若い人が多い業界もあります。企業や業界によって年齢構成や平均寿命が違います。

「上乗せ部分」は企業・業界の状況に基づいた年金数理の計算、「代行部分」は全国民の状況に基づいた年金数理の計算です。どうやって、両者を合わせて運用できるでしょうか。

どう考えても、「上乗せ部分」の予定利回りと、「代行部分」の予定利回りが違った数字になるのですから、数学的に考えれば、破綻することは目に見えていました。代行部分が含まれていることが間違っているのです。

〈厚生年金基金　二つを合わせたもの〉

1　厚生年金の代行部分（公的年金）──▶全国民の状況に基づいて利回り計算

2　上乗せ部分（私的年金）──▶企業・業界の状況に基づいて利回り計算

私は日野和一のペンネームで、『金融財政事情』（一九九四年十一月二十一日号）に「厚生年金基金は年金制度を冒すガンである」という論文を載せ、代行部分の問題点を指摘したのでした。それに対して、厚生年金基金連合会の常勤顧問から反論記事が載り、さらに私は「厚生年金基金はやはりガンである」（一九九五年三月六日号）という論文を載せました。

私は、数学理論上、代行部分を一緒に運用するのはうまくいかないと予測しただけですが、結果的に、そのとおりになりました。代行部分が必要な利回りに達しない基金がたくさん出てきたのです。

厚生年金基金の問題が、世の中にはっきりと認知されるようになったのは、二〇一二年に発覚したＡＩＪ投資顧問事件です。

ＡＩＪ投資顧問は、多くの厚生年金基金を運用していましたが、運用の失敗と経営者たちが不正な利益を得ていたことで、運用資金が消失してしまいました。ＡＩＪ投資顧問が運用していた厚生年金基金は、運用資産がほとんどなくなり、解散せざるをえなくなりました。この基金の加入者は、みな被害者です。

問題は、厚生年金の「代行部分」まで必要な積立金がなくなり、「代行割れ」になってしまったことです。

はじめから代行部分などつくらず、完全に分離しておけば、問題は起こりませんでした。私は、一九九四、九五年時点で、代行部分をすべて返上するべきだと主張しましたが、聞いてもらえませんでした。

そのときに、私が予測に使ったのは、日本証券業厚生年金基金でした。証券業界の人に、「この基金は破綻しますよ」といったのですが、「我々は運用のプロです。自分たちで運用しているから大丈夫です」といわれておしまいでした。私は何度も、「これは『運用』が上手かどうかの問題ではなくて、『仕組み』の問題なんです」といったのですが、「運用のプロ」

をバカにしているとでも思われたのか、聞き入れてもらうことができませんでした。結局、日本証券業厚生年金基金は二〇〇五年に解散しました。

二〇〇〇年代以降、厚生年金基金の行き詰まりが現実化し、代行返上する基金が相次ぎました。上乗せ部分どころか、代行部分まで大幅な積立不足になってしまった基金もあります。

基金に入っていた会社員は、上乗せの保険料を納めたのに、それがすべてパーになりました。厚生年金は国の制度ですから、「代行部分」に穴を開けた場合は、基金に加入している会社は国から「代行部分」の穴埋めを求められます。厚生年金基金がつぶれても、「代行部分」の年金は支給してもらえますが、「上乗せ分」はあきらめるしかありません。

厚生年金基金に入って、お金だけ取られて被害を受けた人がたくさんいるにもかかわらず、厚労省は間違った制度をつくった非をいまだに認めていません。

天下り役人に食い物にされた「厚生年金基金」

本来、性質の違う厚生年金の「代行部分」と「上乗せ部分」を無理やりくっつけるべきではありませんでした。木に竹を接いだようなものです。

少し考えればわかるようなものなのに、なぜ、こんな不合理な制度をつくってしまったのでしょうか。

それは、厚生省の役人にとっても、金融機関にとってもメリットがあったからです。上乗せ部分（三階部分）に厚生年金の代行部分（二階部分の一部）を合わせて基金をつくると、金額が大きくなります。基金の運用を担当する金融機関にとっては、運用額が大きくなって利益が増えます。

厚生省の役人は、厚生年金基金を天下り先にすることができます。厚生年金は国の制度ですが、厚生年金基金は、企業、業界ごとにつくられる私的年金ですから、天下り先がたくさんできます。

業界で厚生年金基金をつくると、加盟各社が、運営するための事務員を出さなければいけませんが、加盟各社は事務員を出すのを嫌がりました。「じゃあ、うちから出しましょうか」と厚生省が申し出ると、「それは、ありがとうございます」と業界の人はみんな喜びます。こうして、厚生省からたくさんの人が天下りしました。厚生省にとっては、厚生年金基金は天下り先として非常に重要だったのです。

ＡＩＪ投資顧問事件をきっかけに、厚労省が厚生年金基金への天下りを調べたところ、厚生年金基金の約三分の二に当たる三六六基金に天下りしており、その時点で、国家公務員の

ＯＢは七二一人に上っていることがわかりました（二〇一二年三月厚生労働省公表）。

基金のほうからすると、厚労省から役人を迎えているから大丈夫だと思っていたようです。ところが、制度に欠陥がありましたので、多くの基金が結果的に破綻してしまいました。天下りを受け入れたのに破綻してしまって、基金の人たちは困惑しました。

天下った厚労省の役人たちも、制度の欠陥をよく知らないで天下っているので、破綻して驚いたのではないかと思います。天下った人たちは、石もて追われるような状態になりました。

かつては厚生年金基金の加入者は一〇〇〇万人くらいいましたが、厚生年金基金が成り立たなくなり、多くの基金が解散をしたことで、確定給付企業年金などに移行しています。確定給付企業年金は、厚生年金の代行部分はなく、厚生年金とは分離されています。企業による純粋な私的年金です。

「国民年金基金」も役人の天下りに利用された

私が大蔵省にいたころ、厚生省のある役人が、「実は、国民年金についても、厚生年金基金と同じスキームで基金をつくりたい」と相談を持ちかけてきたことがあります。

私は、一階部分の国民年金にしか入っていない自営業者などには、二階部分に相当するものとして、民間の年金保険の保険料を全額控除にしてあげたらどうかと奨めました。

保険料を所得から全額控除できるようにすれば、その分だけ所得税が安くなります。個人年金は「生命保険料控除」の最高額が五万円（現在は四万円）でしたが、それを「社会保険料控除」の扱いで全額控除にしてあげれば、メリットが大きくなります。基金をつくらなくても民間の保険でも同じことができますので、あえて基金をつくる必要はないと思っていました。

しかし、それでは厚生省にとって「うまみ」がありません。基金をつくらないと天下りができないからです。その意図は、見え見えでした。

国民年金基金は、一九九一年に制度が施行されました。都道府県ごとの地域型国民年金基金と、同種の事業による職能型国民年金基金があります。結局、地域型四七基金、職能型二五基金の計七二基金がつくられました。

二〇一二年時点で、厚労省は七二の国民年金基金のうちの約九割の六三基金に、厚労省と日本年金機構（社会保険庁）のＯＢが一五九人天下りしていたと公表しています。

国民年金基金をつくった役人は、天下り先をたくさんつくったというわけです。皮肉を込めていえば、国民の老後ではなく、自分たちの老後の仕組みを考えていたのです。

驚いたことに、私のところに「国民年金基金をつくりたい」と相談しにきた厚生省の役人は、その後、国会議員になりました。一〇〇人以上の天下り先をつくったのですから、役人にとっては大ヒット企画ですし、さぞかし厚生省の同僚から「よくやった」と喜ばれたのでしょう。役人は、天下り先をつくることに関しては、本当に知恵が働きます。

国民年金基金は、全額控除の考え方は取り入れています。それならば、基金をつくらなくても民間の年金保険を全額控除してあげれば、まったく同じことができたはずです。民間の年金保険も、国民年金基金も、運用をしているのは信託銀行や投資顧問ですから、運用に関しては同じです。

民間の商品に税の恩典を付けるだけでできるものを、あえて余計な組織をつくったのは、天下り先の確保のためでしょう。こうした役人たちのもくろみで、年金制度は食い物にされているのです。

ただし、国民年金基金が厚生年金基金と決定的に違うのは、国民年金基金には代行部分はなく、国民年金と完全に切り離されている点です。したがって、どんなに運用に失敗しても、国民年金に穴が空くことはありません。

私は、国民年金基金の話が持ち上がったときに、「厚生年金基金と同じ仕組みをつくったら破綻する」と強く主張しました。それを聞いてくれたのか、国に納める国民年金部分と、私的年金である国民年金基金は別立てになっています。

保険料の納付先も、国民年金は日本年金機構ですが、国民年金基金は、それぞれの基金に納めます。

〈性質の違う二つの基金〉
・厚生年金基金→公的年金の「代行部分」あり
・国民年金基金→公的年金と分離

繰り返しますが、厚生年金基金のように違う性質の保険を一体化させて運用することは、困難なことです。国民年金基金の場合は独立していますから、厚生年金基金のような運用の複雑さはなく、制度の安定性は高くなっています。

国民年金基金の加入員数は平成二十七年度末で約四二万七〇〇〇人。全額社会保険料控除されるという税制の恩典がありますから、貯蓄代わりに利用している人も多いようです。

第5章

利権の温床ＧＰＩＦは不必要かつ大間違い

年金積立金の「運用損失」五兆円の何が問題か

二〇一六年、GPIF（年金積立金管理運用独立行政法人、旧年金福祉事業団）の問題がメディアでよく取り上げられました。

GPIFとは、そのホームページの説明によれば「厚生労働大臣から寄託された年金積立金の管理及び運用を行なうとともに、その収益を年金特別会計に納付することにより、厚生年金保険事業及び国民年金事業の運営の安定に資することを目的としている」組織です。つまり、国民年金・厚生年金の年金積立金を運用する組織です。

年金積立金とは何か、そして、それをどのように運用するのか。それについてGPIFは次のように解説しています。

〈日本の公的年金制度（厚生年金保険及び国民年金）は、基本的には、サラリーマン、自営業者などの現役世代が保険料を支払い、その保険料で高齢者世代に年金を給付するという「世代間扶養」の仕組みとなっています。つまり、現在働いている世代の人達が受け取る年金は、その子ども達の世代が負担することになります（自分が積み立てた保険料が将来年金として戻ってくる仕組みではありません）。

しかしながら、日本は、少子高齢化が急激に進んでいます。現在働いている世代の人達の保険料のみで年金を給付すると、将来世代の負担が大きくなってしまいます。そこで、保険料のうち年金の支払い等に充てられなかったものを年金積立金として積み立てています。この積立金を市場で運用し、その運用収入を年金給付に活用することによって、将来世代の保険料負担が大きくならないようにしています。なお、年金積立金の運用にあたっては、「長期的な観点から安全かつ効率的に運用」することを心がけています〉

（http://www.gpif.go.jp/gpif/faq/faq_01.html）

そのGPIFがニュースで騒がれたのは、「安全かつ効率的に運用」するとうたっているのに、二〇一五年度に五兆円を超える運用損失を出したからでした。

実はGPIFは、二〇一四年十月に運用基準を見直し、国債など国内債券の比率を六〇％から三五％に引き下げ、株式投資（外国株を含む）の比率を二四％から五〇％に引き上げていました。しかし、基準見直し後の二〇一五年には株安となってしまいました。それで、二〇一五年度の運用損失が五兆円を超えてしまったのです。

これに対して、民進党が批判を繰り広げました。ところが、民進党の指摘はまったくレベルの低いものでした。株安によって起こった一時的な運用利回りの低下だけを捉えて、「五兆円も損失が出ている」という批判を繰り返すだけだったからです。

株式で運用していれば、株価が上がれば運用益が出ますし、株価が下がれば運用損が出ます。そもそも、民主党政権のときには運用利回りが低く、安倍政権になってから大幅に運用益を伸ばしました。それが一時的に下がっただけです。なんと五兆円下がっても、民主党政権のときよりも、トータルでは収益を取れている計算になるのです（図7参照）。

にもかかわらず民進党は、「年金損失五兆円追及チーム」なるものまでつくりました。しかし、その後、また株価が上昇し、収支が好転しました。すると民進党は、ほとんど批判しなくなりました。

短期的な運用利回りの低下を捉えて批判するのは、まったくの無意味であることは、少し考えただけでわかりそうなものです。目先の数字だけを捉えて批判するから、民進党は「経済音痴」といわれるのでしょう。ＧＰＩＦの運用損失を持ち出して、たんに政府を批判したかっただけではないかと思います。

もし、本気で批判をしたいのであれば、「ＧＰＩＦの存在そのもの」を問題にするべきで

図7　GPIF累積収支と株価

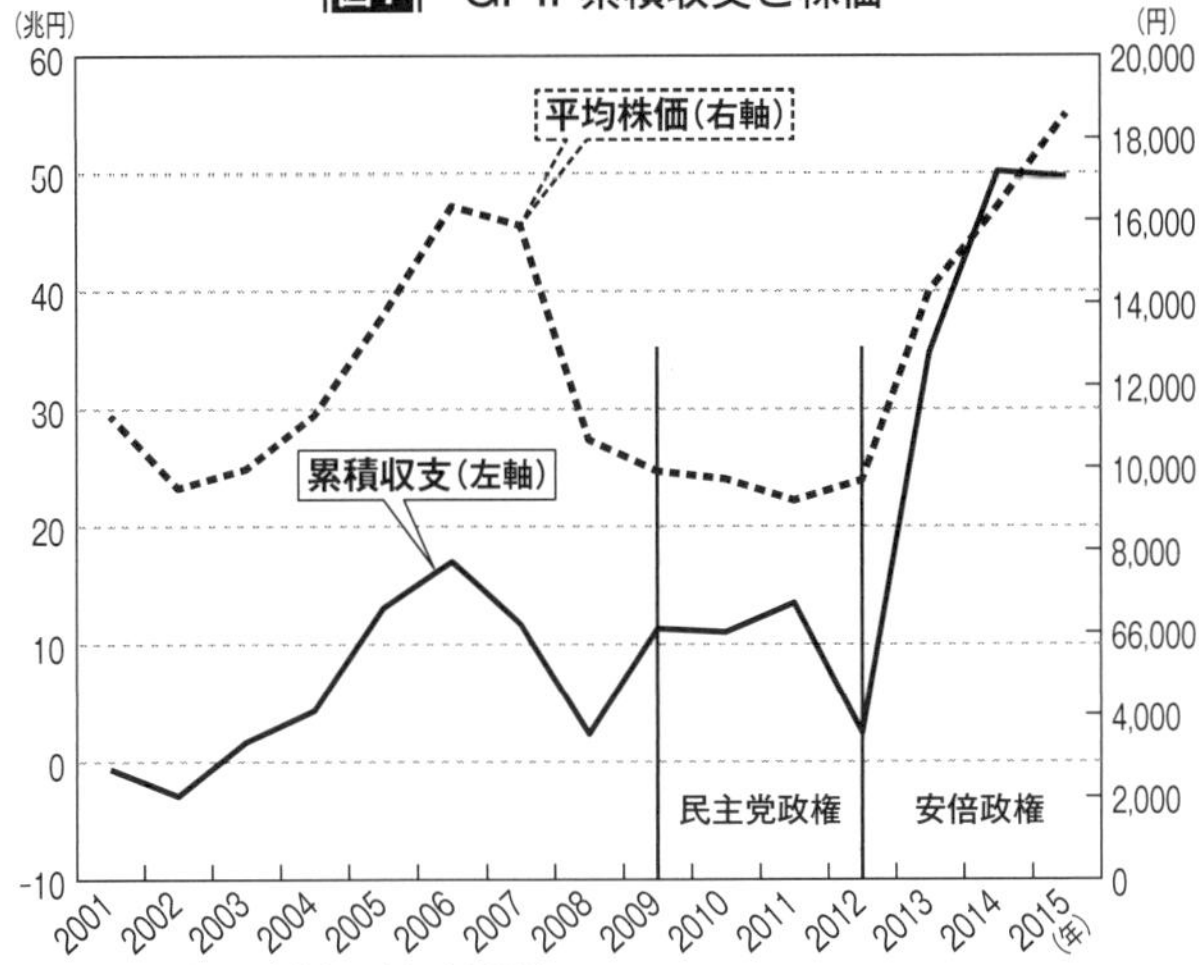

資料：GPIF「運用実績」、日本経済新聞社

したが、民進党は、それはしませんでした。

民進党はＧＰＩＦが不要だとは考えていないようです。民主党政権時代に、当時の原口一博総務大臣が株や外債などへの積極運用を求め、長妻昭厚生労働大臣が国債での安全運用を主張したことがありました。どちらも、ＧＰＩＦの存在を前提にした議論でした。私は民主党政権に対して「ＧＰＩＦの廃止」を提言しましたが、即座に反対されました。

五兆円の運用損失を批判した際の民進党の主張も、「損失が拡大したのは、運用基準を見直したのが悪い」というものした。その対処法として、ＧＰＩＦの廃止ではなく、運用基準を元に戻せといっていただけです。

私は、ＧＰＩＦそのものに根本的欠陥があ

り、ＧＰＩＦは不要だと考えています。

インフレヘッジされた公的年金に「株式運用」はまったく不要

日本の年金制度は、昭和三十六年に国民皆年金になりました。それ以前は皆年金ではありませんでしたが、厚生年金制度があり、積立方式で行なわれていました。自分が積み立てた分を受け取る方式です。

ところが、急激なインフレが発生したため、給付が厳しくなりました（どうして急激なインフレが発生したかは、ぜひＰＨＰ新書の拙著『戦後経済史は嘘ばかり』をご一読ください）。積立方式はインフレに弱い方式です。そこで、積立方式を修正し、将来世代につけ回すことによって、当時の老齢世代への給付を増やすようにしました。部分的に事実上の賦課方式が取り入れられた状態です。

その後、昭和三十六年に国民皆年金の仕組みにして、全員が年金に入りましたが、「今まで積み立てていない人には払いません」というわけにはいきませんでした。すべての老齢世代の人に年金が給付されることになり、現役世代の保険料を老齢世代の給付に充てる賦課方式が主体となりました。

ただ、制度が未成熟なうちは、給付を上回る保険料を課して「積立金」を持ち、運用収入を得て、制度が成熟するにつれて徐々に賦課方式に移行する方式がとられました。

この「積立金」を巡って、金融機関が財テクビジネスにつながると目を付けました。これが、ＧＰＩＦの積立金運用問題につながっています。

私が大蔵省にいた一九九〇年代には、積立金の額は一二五兆円くらいになっていました。年金積立金は厚生省から大蔵省の資金運用部に預けられました。このうち一〇〇兆円は国債の金利で運用され、残りの二五兆円は厚生省の特殊法人・年金福祉事業団（現ＧＰＩＦ）に貸し付けされて、市場運用されていました。

厚生省に貸し付けるわけですから、形式としては財政投融資事業です。厚生省は、大蔵省の国債金利での運用よりも高い運用利回りを出すことが必要でした。もちろん、実際に運用するのは、年金福祉事業団から委託された金融機関です。

当時の大蔵省理財局長は、「なぜ、年金運用を株式でしなければいけないのか」と、非常にシンプルな疑問を我々職員に投げかけてきました（この局長は、あの「火砕流」といわれた人です）。誰も考えたことがなかったので、多くの職員は「えっ、それは当たり前でしょ」という反応でした。

私は、こういう質問を突き詰めて考えるのが好きなので、年金のバランスシートをつくって考えました。

左側の「資産」の欄には積み立てられた保険料と運用資産を書きました。右側の「負債」の欄には、約束した年金の支払い（債務）を書きました。

通常、年金給付は物価スライドの仕組みを入れています。インフレが進んだときには、年金給付額を増やしてあげないと、お金が目減りしていて受給者は生活できなくなります。したがって、インフレが進んだときには「負債」が膨らみます。

右側の「負債」が膨らむのであれば、それに合わせて、左側の「資産」を増やさなければなりません。バランスするようにしないと、債務超過になってしまい、年金を給付できなくなります。

左側の「資産」は、インフレに備えて運用する必要が出てきます。債券と株のどちらがインフレに強いかというと、株のほうが少し強いことがわかっています。だから、株式を持つ必要がある、という結論です。これが「積立方式の年金がなぜ株を持つ必要があるのか」という理論的基礎です。インフレに備えて積立金を株で運用するのです。

次に、日本の公的年金のバランスシートを考えました。日本の公的年金は、賦課方式ですから、たとえば九二ページに掲載したようなバランスシート（図5）になります。積立金は一割未満で、九割以上は将来にわたって徴収する保険料です。

完全な賦課方式のバランスシートの場合は、「資産」の将来保険料と「負債」の将来給付が一致します。将来の給付額はインフレによって上がりますが、将来集める保険料もインフレに連動して上がります。ですから、インフレヘッジをする必要がありません。つまり、「賦課方式の場合、株式で運用する必要はない。株式で運用する必要がないのは、将来保険料が入ってくるから」という結論になります。

この話を理財局長にしたところ、「目からウロコだ」といって喜んでいました。

〈株式運用が必要か〉

• 積立方式──▼インフレヘッジのために株式運用必要

• 賦課方式──▼インフレヘッジされているから株式運用不要

こうした内容をペンネームで雑誌に書いたため、私が書いたことがほぼバレてしまいましたが、もちろん私は「知りません」といい続けました。

ＧＰＩＦについての結論をいえば、「賦課方式では積立金は必要ない。せいぜい流動性確保のために一〇兆円程度の積立金があれば運営できる。したがって、ＧＰＩＦは不要」です。

積立金がゼロならば、運用リスクゼロです。積立金を集めたとしても、その年金の運用をするのであれば、年金制度の根幹である「安心・安全」が最優先です。運用する必要のない積立金を集めて、しかも株式で運用するのはまったく間違った考え方です。

許認可や税制を決める政府が、民間企業の株を買っていいのか？

一九九八年から、私はアメリカのプリンストン大学に留学し、日本経済などを教えていました。英語はあまり得意ではありませんので、言語障壁の少ない数学や年金数理を使って、年金の講義をしていました。

当時、アメリカ政府の関係者から日本の年金積立金の運用を教えてほしいと依頼がありました。「アメリカも日本と同じように運用をしたいと思うが、どう思うか？」と聞かれたので、即座に「ノー」と答えました。

アメリカの年金制度は、老齢・遺族・障害保険（ＯＡＳＤＩ：Old-Age, Survivors, and Disability Insurance）が積立金を持っていましたが、すべて非市場性国債引き受けで、市場運用はしていませんでした。

日本の場合は、ＧＰＩＦの前身の年金福祉事業団が積立金を市場運用していました。運用方法は、複数の民間金融機関への運用委託。言い換えれば「丸投げ」です。

私は公的年金の市場運用ほど、国が行なう事業として不適切なものはないと考えていました。国が国民から強制徴収したお金を、民間金融機関に丸投げして、国民に代わって財テクをする必要はありません。年金は安全運用すべきものです。積極運用したい国民がいれば、自分自身で財テクをすればいいのです。

私はアメリカ政府関係者に、市場での運用はしないほうがいいと伝えました。そうこうしているうちに、当時のクリントン大統領が公的年金の株式運用を発表しました。

ところが、グリーンスパンＦＲＢ議長をはじめとして、市場運用への反対論が相次いだため、クリントン大統領は、あっさりと提案を撤回しました。

グリーンスパン議長の言い分は明快でした。私が主張したような「政府の活動として市場運用は不適切だ」という一般論に加えて、次のような論理を展開しました。

「政府は健康のためにタバコ会社に対して厳しい措置をしなければいけないが、そのときに、公的年金でタバコ会社株を持っていたらどうするのか」

とてもわかりやすく、インパクトのある論理です。

もし政府が、公的年金の株式運用を気にしてタバコ会社への厳しい措置をためらったら大問題ですし、逆に、タバコ会社に厳しい措置を取ることを公表する前に公的年金のタバコ株を売ったらインサイダー取引になってしまいます。

日本の運用関係者は、「情報の遮断をしている」とか「個別株ではなくインデックス運用をしているから問題はない」といいます。しかし、二〇〇九年の予算編成期に厚労省がたばこ税の大幅アップを主張したときに、JT株が一五%くらい低下したことがあります。大幅なたばこ税の増税にはなりませんでしたので、株価は戻りましたが、株価が下がれば、JT株を持っている年金は運用損失が発生するところでした。運用損失を出さないために、たばこ税増税を見送るということになれば、政策がゆがめられてしまいます。公的年金の積立金を政府が運用すべきではないのです。

一般国民の年金を株で運用している国はほとんどない

一九八六年ごろの日本は「財テクブーム」でした。その財テクブームに乗じて、政府は年金資金を市場運用する方向へと転じました。年金資金の運用を行なったのが、厚生事務次官の天下り指定席であった年金福祉事業団です。「官の財テク」として一九八六年度からスタートし、二〇〇〇年度まで財政投融資の中で行なわれていました。

年金福祉事業団は、ありあまるほどの金を使うことから、「満腹事業団」と揶揄されていました。ちなみに、巨額の年金資金をつぎ込み、各地でリゾート施設をつくり、不良債権化させたグリーンピア事業も年金福祉事業団の仕事でした。

国会では、当時の厚生省年金局長が「一・五％の利差稼ぎ」と豪語していました。ところが、二〇〇〇年度までの財テク事業の最終的な収支は、累積損失約二兆円。官の財テクの運用実績は上がりませんでした。しかし、グリーンピア事業と同じく、誰も責任を取っていません。

二〇〇一年度からは、厚労省の責任で資金運用される方式になり、二〇〇六年からはＧＰＩＦと名を変えましたが、「官の財テク」としての性格は変わっていません。

いうまでもないことですが、官僚には自前で運用する能力などありませんので、民間金融機関への「丸投げ」です。

民間金融機関としては、巨額の運用資金を獲得できます。一〇〇兆円を超える資産を運用し、その信託報酬を一％得られるとしたら、金融機関には一〇〇〇億円が転がり込むおいしいビジネスです。実際、業界では「カモネギ」とまでいわれていたとか。今ではそれほどの報酬はないのですが、公的年金資金を運用しているというステータスで、他の業者の売買を誘発できるので、受託金融機関はそれなりに儲かっています。

では、海外ではどうなっているのか。一般国民に対する公的年金で、市場運用をしている国は多くはありません。

二〇〇八年の経済財政諮問会議に提出された資料では、積立金の割合が多い国の中で、カナダ（積立金一二兆円、以下カッコ内は積立金額）、スウェーデン（一五兆円）が株式投資比率の高い国となっています。

積立金が多い国の中でも、日本（一四九兆円）は株式投資比率の高くない国、アメリカ（二四四兆円）は、市場運用をしていない国です。イギリス、フランス、ドイツは、そもそも積立金の少ない国です。

同会議の有識者資料では、ほかに市場運用を行なっている国として、ノルウェー政府年金基金（三六兆円）、オランダ公務員総合年金基金（三四兆円）、アイルランド国民年金積立基金（三兆円）が挙げられています。

ノルウェーの場合は、石油収入があり、石油収入を将来の年金財源にしようとしているのであって、国民から強制徴収したお金を財テクするのとは意味が違っています。また、オランダは公務員の年金であって一般国民の年金ではありません。アイルランドの場合は、積立金の規模が少額です。

公的年金の市場運用の例としてよく持ち出されるのは、カルパース（カリフォルニア州職員退職年金基金）です。カルパースは、国の年金ではなく、州の年金です。しかも、州公務員の年金であって、州民が加入している年金ではありません。「公的機関」の年金は、すべて「公的年金」と考えられがちですが、それは間違いです。

各国の例を見るかぎり、国レベルで一般国民の年金を市場運用している国はほとんどないことがわかります。

民間レベルのリスク管理すらできていないGPIF

賦課方式の年金は、子供の世代が親の世代に仕送りをするものとしてたとえられます。このたとえを使えば、GPIFのしていることは、財テクして増やしてから仕送りをすることです。

子供が「一〇万円を仕送りしようと思うけど、まず、一〇万円を財テクで増やしてから仕送りするよ」と親にいっているようなものです。このロジックは、もっと極端な言い方をすれば、こうなるでしょう。

「一〇万円を仕送りする前に、株でバーッと儲けて、倍にして送ってあげるよ」

ほとんどの親御さんは、そういう子供を叱るか、苦言を呈するのではないでしょうか。財テクをしてお金が増えればいいですが、仕送りする前に減ってしまう可能性もあるからです。そんなことで虎の子の資金がなくなってしまったら一大事です。

これは国民の誰もがわかる論理だと思うのですが、なぜかGPIFは、運用リスクの認識が不十分です。

通常は、年金保険を運用するときには、年金ALM（資産負債総合管理）というものでリスク管理をします。仮に運用損失が出るとしても、「リスク許容バッファー」の範囲内に収まるようにする必要があります。

九二ページの図5のように、バランスシートの左側に資産、右側に負債を書き、資産が負債を上回る状態でないと、年金を支払えなくなります。

積立方式の私的年金の場合は、支払う年金債務（負債）よりも、積立金（資産）のほうが少し多くなるようにしています。その差額が「リスク許容バッファー」であり、仮に運用に失敗して損失を出したとしても、この範囲内に収まるようにリスク管理をします。損失が許容範囲内に収まれば、年金を支払えなくなることはありません。

これは、年金ALMの常識として知られていて、アメリカ企業会計FASB87号（年金会計）や生保のソルベンシーマージン（支払余力）の考え方です。

日本の厚生年金のバランスシート（九二ページ図5参照）は、資産と負債が一致しています。これはリスク許容バッファーが存在しないということです。保険料をギリギリまで低く抑えた結果ともいえます。

厚生年金のバランスシートには、リスク許容バッファーがないのですから、市場リスクを取る余地はありません。

結論として、「厚生年金では、積立金の市場運用が不要であり、そのために積立金を保有する必要がない。ＧＰＩＦは不要」ということになります。

「物価連動国債」で運用すれば、ＧＰＩＦは即廃止できる

どうしても公的年金で市場運用をしたいのであれば、リスクについて国民への「説明義務」があります。

「市場運用のために割増保険料を徴収させてください。財テクは、割増保険料をリスク許容バッファーとして、その範囲にリスクが収まるように行ないます。市場運用がうまくいけば、その分、将来の保険料を軽減します」と国民に説明するしかありません。

それでリスクについての説明義務は果たしたことになりますが、この提案を国民が受け入れるとは思えません。

仮に、国民がこの提案を受け入れたとしても、それでもＧＰＩＦは不要です。ＧＰＩＦは運用を民間金融機関に丸投げしていますから、国民が民間金融機関を選択する仕組みを導入すればＧＰＩＦは中抜きにできます。

年金理論上は、どう考えても必要のない機関であるにもかかわらず、なぜ、ＧＰＩＦが存

在しているのか？

それは、官僚が重要な天下り先を失いたくないからでしょう。ＧＰＩＦがなくなると、厚生労働省の官僚だけでなく、他省庁の官僚も影響を受けます。

今は、厚生年金に一本化されましたが、国共済、地共済、私学共済という共済組合があります。それぞれ所管の役所があり、官僚たちの有力な天下り先です。ＧＰＩＦの仕組みが崩れると、他の省庁の天下りにも影響を及ぼすのです。

厚生労働省……ＧＰＩＦ
財務省…………国共済（国家公務員共済組合連合会）
総務省…………地共済（地方公務員共済組合連合会）
文部科学省……私学共済（私学事業団）

国民にリスクを与えない現実的な解決策としては次のような方法があります。

積立金は、株式等の市場運用ではなく、全額「物価連動国債」で運用する。年金運用上はまったく問題ありません。物価連動国債は、物価に連動しますのでインフレヘッジができます。

「物価連動国債」を購入するには、厚労省に担当者一人を置き、二カ月に一回、財務省の国債担当者に私募形式の物価連動国債の発行を電話で連絡するだけで済みます。

かつて郵貯の自主運用の際、郵貯資金で国債購入をしていたときには、このような電話連絡だけでできていました。運用のための特別な組織は必要ありませんでした。

二カ月に一回の電話連絡で済むことですから、やはりＧＰＩＦは不要という結論に至ります。

第6章

「歳入庁」をつくれば多くの問題が一挙に解決する

皆保険の「保険料」は、「税金」とまったく同じ性質

日本の年金が「保険」であることは、これまで何度もお話ししてきましたが、さらにいうならば「皆保険」です。

1　「保険」であること
2　「皆」であること（すべての国民が対象）

この二つが重要です。ここをきちんと理解しないと、年金のことを理解することはできません。

ここでは、皆保険であるという点に着目していきます。

「皆」保険とは、「すべての国民が入らなければいけない保険」だということです。すべての国民が保険料を支払わなければなりません。

そういう意味では、「保険料」は「税金」と同じ性質を持っています。

皆保険でなければ、一部の人が保険料を納めるだけですから、税金と同じにはなりませ

ん。「すべての人が納めなければいけない」ということによって、税金と同じ性質になっています。

ここで重要なのは、「年金保険料は税金と同じである」という認識です。

国民年金法を見ると、第八八条（保険料の納付義務）で、「被保険者は、保険料を納付しなければならない」と規定されています。さらに、同法第九五条（徴収）には、「保険料その他この法律の規定による徴収金は、この法律に別段の規定があるものを除くほか、国税徴収の例によって徴収する」とあります。

このように、徴収上、保険料は、税金と同じ扱いであると法律に明記されています。皆保険の保険料は税金と同じ扱いですから、すべての滞納者に対して強制徴収するのが筋です。

これまで、社会保険料を納めなくても強制徴収されることはほとんどありませんでしたが、二〇一六年九月に、厚労省と日本年金機構が国民年金保険料の強制徴収の基準を引き下げると新聞が報道をしました。二〇一七年度からは、基準を引き下げて、年間所得三〇〇万円以上で、一三カ月以上の滞納者から国民年金保険料を強制徴収することにしたという内容でした。

報道の中には、「一定以上の所得がある人に強制徴収を実施」という言葉がありましたが、そもそもこの言葉の選び方自体が間違っています。「保険料を払わなければ年金給付を受けられない」ので、そこから「払わなくてもいい」という発想が出てくるのかもしれませんが、皆保険の保険料は本来、「すべての国民から強制徴収するもの」なのです。

年金の保険料を「払わなくていい」と思っている人がいますが、大きな間違いです。「未納」という表現も、正しくありません。年金保険料を納めていない人は、「未納」ではなく、「滞納」です。意図的に納めていないとしたら、「脱税」といってもおかしくないものです。

もし、税務署が年金保険料を徴収していたとしたら、「あなたは未納です」とはいいません。「滞納処分します」というでしょう。滞納処分というのは、財産を没収して納めさせるものです。

保険原理からいえば、年金財政が厳しくなったときには、税の投入ではなく保険料の引き上げをすべきですが、しかし何よりもまず、その前にやるべきことは「徴収漏れをなくすこと」です。徴収漏れを見逃していて、保険料を上げるわけにはいきません。

かつての「消えた年金」問題では、中小企業が従業員から保険料を徴収しながら、社会保険庁に払い込みをしていなかったケースがかなり存在していたことが明らかになりました。そういうことを許してはいけないのです。そんなことを放置していたら、真面目に保険料を納めている人が損をするばかりです。

まずは、国民年金保険料を納めていない人から徴収すること。さらに、企業が厚生年金を正しく納めていないケースをなくすことが必要です。

歳入庁なら、「保険料」と「税金」を一緒に集められる

年金の「保険料」と「税金」は、払い込む先が、日本年金機構と税務署で違っていますので、別のものと思われがちです。社会通念もそうなっていますので、何も考えなければ「別物」と思ってしまうことでしょう。

しかし、少し考えれば、両方とも強制徴収される性質のものであることがわかります。もし日本年金機構ではなく税務署に一緒に納める形式であれば、保険料は税金と同じという認識が強くなるはずです。

税金は、国から見ると租税債権になります。債権ですから、税金が払い込まれなければ、滞納処分ができます。督促状が送られ、それでも納税しなければ財産を差し押さえます。税金の滞納処分では、給料を差し押さえることもできます。生活費はもちろん残してもらえますが、給料といえども差し押さえの対象です。細かい規定は国税徴収法に記されています。

社会保険の場合は、国から見ると社会保険料債権です。こちらも、法律上は、国税徴収の例によることになっています。税金と同じですから、保険料を納めない人に対しては、給料を差し押さえることもできます。

法律の性格が同じであり、しかも「国税徴収の例による」とされている以上、徴収の方法も一元化できます。それぞれに徴収するのは二度手間でバカらしいから、一本にまとめてしまえばいいのです。

その発想から導き出されるのが、「歳入庁」の考え方です。国税庁と日本年金機構の徴収部門を統合してしまって「歳入庁」にするのです。

考えれば考えるほど、「歳入庁」にしたほうが合理的です。現に、他の国ではほとんどは歳入庁をつくっていて、税金と社会保険料は歳入庁が徴収しています。歴史上、別々に徴収する国がなかったわけではありませんが、今でも律儀に組織を二つに分けて、別々に徴収している日本は、珍しい国です。

アメリカのＳＳＡ（社会保障局）には、全世界の社会保障を調べた調査（Social Security Programs Throughout the World）があります。徴収の形態を見ると、日本のように税金と別に保険料を集める国はまずありません。

歳入庁をつくって税金と社会保険料の徴収を一体化しておけば、個人事業主や企業の調査も簡単になります。個人事業主に対して税務調査に入るときに、社会保険についても一緒に調査をすれば、徴収漏れを減らすことができます。

税務署は、企業の法人所得を調べるときに、法人税の調査とともに源泉徴収税も調べます。社員などから源泉した所得税をきちんと納付しているかどうかを調査するのです。源泉徴収税と社会保険料は、社員の給料から一緒に源泉徴収しますので、帳簿を見ると両方とも書いてあります。もし、社員から天引きした社会保険料を年金機構に納めていなければ、すぐにわかります。

しかし、税務署の所管外のことですから、見て見ぬふりをするしかありません。税務署員の中には日本年金機構に連絡する人がいるかもしれませんが、役所が違うため、やりにくいのが実状です。

社会保険のほうは、日本年金機構による別の調査があります。個人別の源泉徴収簿や賃金台帳を調べ、源泉所得税の領収書も調べます。年金機構も源泉所得税を確認するわけですから、それならば税務署に任せてしまったほうが効率的です。保険料を納めていない場合の滞納処分もすべて税務署に任せてしまえば、より確実な徴収ができます。

税務署の人は、帳簿を見て、源泉徴収税を調べるのは普通の仕事ですから、ついでに調べれば社会保険料の納付状況もすぐにわかります。

歳入庁をつくって、徴収や調査を一元化すると、日本年金機構の徴収部門は必要なくなります。

社会保険料は銀行引き落としにしているケースが多いですから、引き落とし先が日本年金機構であろうが、国税庁であろうが、払う側にとってはどちらでも同じです。通帳の引き落とし先の名前が変わっていても気がつかないかもしれません。支払う側にとっては、国のどの機関に徴収されてもかまわないのです。

歳入庁に反対するのは、国税庁のポストを失う財務省役人

このように考えてくると、どう考えても、国税庁と日本年金機構の徴収部門を統合してしまって「歳入庁」にしたほうが、圧倒的に合理的です。

それなのに、なぜ、そのような議論がいっこうに実現化しないのでしょうか。それぞれの省庁の事情を考えてみましょう。

まずは、厚労省・日本年金機構側です。

歳入庁をつくると、日本年金機構（旧社会保険庁）が必要なくなるといわれます。しかし、年金事務は、もともと、徴収部門より給付部門のほうが人数を要します。徴収部門に相談に来る人はあまりいませんが、給付部門に相談に来る人はたくさんいます。

「私は、年金を受ける資格がありますか」とか「どのくらい年金をもらえますか」など、いろいろな相談がきます。個別事情がありますので、事務手続きは大変です。それに対応するには、人員が必要です。

一方、徴収部門は、給付部門ほど人数は必要ありません。厚労省としては、徴収部門の人数分の定数を減らされることに抵抗があるかもしれませんが、しかし、歳入庁が給付部門まで持っていくわけではありません。暫定措置、経過措置として、定数を減らさずに、徴収部門の人を給付事務に移す方法もあります。

徴収事務を委任された歳入庁は、国税庁が母体です。保険料徴収は、各税務署の職員が普段やっていることにプラスアルファするくらいですから、それほど手間が増えるわけではありません。

ただ、国税庁としては、「日本年金機構の徴収部門の人を全員引き受けてくれ」といわれるのは困るかもしれません。消えた年金で社保庁の問題が明らかになったときに、労働組合系の「働かない職員」の存在が大きな問題となりました。日本年金機構に移行したときにかなり辞めていますが、国税庁としてはどうしても警戒してしまいますから、「定員だけ増やしてくれ、採用は自分たちでやりたい」というでしょう。

国税庁は、定員を増やしてもらって、独自採用を認めてもらって歳入庁になるのであれば、飲めるはずです。厚労省も、すでに社保庁改革をしていますので、それほど抵抗勢力はいないでしょう。

では、最大の抵抗勢力はどこか。それは、財務省です。

国税庁は財務省の機関ですが、日本年金機構と一緒になって歳入庁になると、内閣府の機関になるはずです。そうなると、これまで財務省が牛耳っていた国税庁の人事ができなくなります。

歴代の国税庁長官はみな財務省キャリア（大蔵省キャリア）でした。財務省で事務次官になれなかった人が、国税庁長官になるのです。

実は、国税庁は自前で採用をしており、国税庁キャリアという人たちがいます。しかし、国税庁キャリアは、トップの長官にはなれない慣習になっています。

国税庁長官は財務省キャリア。東京国税局長、大阪国税局長、名古屋国税局長もみな財務省キャリアのポストです。国税庁の部長職のうち、国税庁キャリアのポストは一つだけで、それが最高位です。それより上のポストはみな財務省キャリアで占められます。

この暗黙の慣習は、今でも続いています。もし国税庁が歳入庁になって、財務省の手を離れると、財務省はかなりのポストを失います。

それだけのこと、といえばそれだけのことです。そんな程度のことなら、やっぱり歳入庁にしたほうが合理的だと、世の中のほとんどの人は思うでしょう。

しかしこれは、財務官僚にとっては、まことに切実な問題なのです。自分自身のポストの話なのですから。第4章で、国民年金基金をつくって国会議員にまで上り詰めた厚生省の官僚の例を紹介しましたが、もし、財務省内で一挙にこれほどのポストを失う改革の旗を振ったら、逆に、それこそ総スカン状態に置かれてしまうことでしょう。

ただ、そのことを悟られたくないので、財務省キャリアはいろいろと理屈を付けて、歳入庁にならないように反対論を述べます。官僚たちの身勝手な理屈で、制度の議論がゆがめられているのです。

二〇〇九年に民主党（当時）に政権交代したときに、民主党のマニフェストには歳入庁のことが記載されていました。

民主党マニフェスト２００９
〈20　歳入庁を創設する
社会保険庁は国税庁と統合して「歳入庁」とし、税と保険料を一体的に徴収する〉

ところが、この約束は実行されず、露《つゆ》と消えました。財務省が反対したことが理由といわれています。

所得の捕捉を高めれば、保険料の徴収漏れも減る

年金保険料を正しく徴収するには、まずは所得の捕捉率を高めることが必要です。

前述したように、昔から、クロヨン（サラリーマン九割、自営業者六割、農林水産業者四割）、トーゴーサン（サラリーマン一〇割、自営業者五割、農林水産業者三割）といわれてきました。月給から天引きされるサラリーマン以外の部分では、捕捉できていない所得がたくさんあると見られています。実際にどのくらいあるかはわからないのですが、かなりの取り漏れがあるはずです。

しかし今後、それも大きく改善していくと思われます。マイナンバー制度が導入されましたが、これは所得をきちんと捕捉するために、大いに有用なものだからです。今後は所得の捕捉が進んでいくに違いありません。

このようなマイナンバー制度への挑戦は過去に二回検討されています。一番簡単な方法は、基礎年金番号を使うことでした。二〇歳以上の国民には基礎年金番号が付いていますから、そのまま使えるはずでした。

ところが社会保険庁は、その基礎年金番号の管理をきちんとしていませんでした。「年金手帳をなくしました」と申請した人に、新しい番号を出したりしていたため、一人で、二つも三つも番号が割り振られている人が出てきたのです。本来は元の番号をもう一度使わなければいけなかったのですが、重複していくつも番号を出したため、一国民一番号ではなくなっていました。それでは基礎年金番号を「マイナンバー」として使うことはできません。

次は、住基ネットの番号を使おうという案が出ました。しかし、住基ネットは手続きの不備などがあり、普及しませんでした。そもそも交付を受けていない人がたくさんいて、不評で誰も使ってくれませんでした。

基礎年金番号だけでなく住基ネットも使えないことがわかり、マイナンバーは三度目の挑戦です。基礎年金番号、住基ネットの反省を踏まえてマイナンバーは計画されたのだろうと思います。

マイナンバーはいずれ、基礎年金番号とリンクさせるはずです。先述のように複数の基礎年金番号を持つ人もいますので、一つのマイナンバーに複数の基礎年金番号という人が出てくるかもしれません。

税金の場合は、納税番号というものがあります。税務署は、一人の納税者に二つも三つも番号を割り振っていないはずですから、マイナンバーとのリンクはさせやすいだろうと思います。

また、省庁ごとに独自に国民に番号を割り振っていることがあります。各省庁が割り振っている番号もマイナンバーにリンクさせることになるでしょう。

所得捕捉率よりさらに捕捉率が低い年金保険料

クロヨン、トーゴーサンといわれるようにサラリーマン以外の所得の捕捉率は低く、所得税の徴収漏れがありますが、それよりもさらに捕捉率が低く、徴収漏れが大きいと推測されるのは、年金保険料です。

どのくらい徴収漏れがあるのかは、実際にはわかりません。データがないので誰にもわからない金額です。税金よりも捕捉率は低いと思われますので、何百億円というレベルの単位ではなく、数兆円という単位だろうと私は推測しています。

何しろ、社会保険庁は、過去の年金記録のデータをきちんと管理できていませんでした。消えた年金問題では、基礎年金番号に統合されていない記録が約五〇〇〇万件もあることが発覚しています。過去データの不備があるため、過去の徴収漏れを調査することは難しい状態なのです。

税務署が税務調査をするときには、過去データとの比較をします。前年の税務データがないと今年との違いがわからないため、脱税かどうかを判断するのが難しくなります。税務署員が調査に行って、「去年はどうですか」といっても、納税者は去年のデータを隠すかもしれません。税務署が前年のデータを持っていないと調べようがありません。

年金の場合は、過去のデータの管理が不十分ですから、比較対象がなく、十分な調査ができません。調査に入っても、ごまかされてしまうかもしれません。年金保険料は、かなりの額の徴収漏れがあると見るべきでしょう。

日本年金機構は、保険料の徴収には力を入れますが、「所得を捕捉しよう」という意識はあまりありません。しかし、厚生年金保険料には報酬比例部分がありますから、所得をきちんと捕捉しないと、正しい徴収はできません。

所得捕捉という点では、税務署のほうがはるかに力を入れていますので、税務署と一体になった「歳入庁」にしたほうが、徴収漏れは減るはずです。

税務署は、源泉徴収されているものに関しては、比較的調査が簡単です。たとえば、私たち本を書いている人間は、出版社から印税を受け取りますが、所得税を源泉された金額が振り込まれます。出版社は、著者と税務署の両方に源泉徴収票を送らなければいけません。ごまかしがあれば、税務署は簡単に気づくことができます。一〇％でも源泉徴収をしておけば、ごまかしの牽制になります。

税務署は源泉所得税以外のほかの所得も把握しなければなりません。そのときに調べるのが銀行口座や証券口座です。口座がわかれば、金融機関からデータをもらって調べることができます。

マイナンバーの一番のポイントは、銀行口座とのリンクです。いずれは銀行口座とマイナンバーがリンクされるでしょう。そうなると、所得や資産の捕捉がしやすくなり、税務署は調べやすくなります。

一人が複数の銀行口座を持っているケースがたくさんありますから、名寄せには時間がかかります。銀行口座、証券口座とマイナンバーをリンクさせるには、数年以上の期間を要するはずです。

しかし、銀行口座、証券口座とマイナンバーがリンクすれば、資金のフローを税務当局がトレースしやすくなり、捕捉率は高まっていきます。現金で取引された場合は捕捉できませんが、それ以外の大半の取引は捕捉できるようになります。数年以上経てば、税金の徴収漏れは減っていくはずです。

銀行口座と結びつけることに対して、「プライバシーの侵害」と文句をいう人もいます。しかし、そもそも税務というのはプライバシーの侵害をするものです。もちろん、知ってしまったプライバシーを他に漏らしてはいけない守秘義務は課されています。

銀行口座、証券口座とマイナンバーのリンクに関して「プライバシーの侵害」といっている人は、税金を払いたくない口実に使っているのでしょう。それでも、この先、所得捕捉は確実に高まっていきます。

マイナンバーに、「基礎年金番号」「納税番号」「銀行口座」がリンクすれば、税金と社会保険料は一体化してきます。そうなると、二つの役所が別々に徴収するのは合理的ではなくなり、ますます「歳入庁」の必要性が高まっていくことでしょう。

今、お話ししてきたように、「歳入庁」ができれば、様々なことがより合理的になります。しかし、壁になるのは「消費税はやりたい。歳入庁はやりたくない」と思っている財務省です。そこをいかに突破するか。

この問題は、本来的にいえば、年金問題に不安を覚えている多くの人が、真っ先に怒りをぶつける対象にすべきものだと思うのですが……。

第7章

年金商品の選び方は、「税金」と「手数料」がポイント

老後は、若いころよりも「格差」が大きくなる

年金制度の真実については、これまで本書をお読みいただいて、かなり、おわかりいただだけたのではないかと思います。わかってしまえば、そう難しい話ではありません。もらえる公的年金の金額も、概略見当がつくはずです。

そうなると、問題は個人として、老後にどう備えるかという話になります。本章では、そのことについて、私なりの考えを述べてみたいと思います。

これは歳を取れば、皆さん実感されることだと思いますが、人間は、歳をとればとるほど格差が開いていきます。

学生のうちは、まだ働いていませんから、差はありません。就職したばかりのころも、どの職業でも初任給はあまり変わりませんので、ほとんど差はないでしょう。

ところが、社会に出て三〇年、四〇年経つとものすごく大きな差が出てきます。私は六〇歳を超えていますが、周りを見ると、大企業で役員になっている人は、とても高額の給料をもらっています。秘書がついて、車とお抱え運転手がついた生活を送っている人もいます。

おそらくそういう人たちは、老後になっても悠々自適でしょう。公的年金など、本当はまっ

たく必要ではないはずです。

有名大学を出て、大企業に入っても、役員になれずに五〇歳を過ぎて、外に出された人もいます。再就職先がなくて嘱託でアルバイトのようにして食いつないでいる人もいます。ビジネスの世界では、揉み手をしながら「いやあ、お目が高い」といえるような人でないと務まらないことがあります。学歴が高くて大企業に入った人でも、妙なプライドの高さが邪魔をしてビジネス界ではうまくいかず、会社を退職したものの五〇歳を過ぎて、再就職がままならない人は珍しくありません。そういう人は、老後は年金をもらわないと生活していけないでしょう。

大企業で定年を迎えた人の中でも、部長止まり、課長止まりという人が多いはずです。そういう方も、年金がないとなかなか老後の生活は厳しいはずです。

公務員になった人の場合は、官僚になって局長くらいまで務めて、何度か天下っている人は、かなりのお金をもらっています。おそらく、年金をもらわなくても悠々自適で生活していけるでしょう。

私の場合は、役所を辞めて、天下りせずに自分でやっています。秘書も車もつきませんが、定年はありませんので、何歳まででも働けます。収入は自分次第。けっこう自由で気楽です。

前にも述べましたが、いつまでも働けるというのは、とても大事なことだと、最近しみじみと実感しています。これほどありがたいことはありません。個人的なレベルで考えても、「老後に働ける」ということが、今後ますます重要になっていくでしょう。

話を戻しますが、同じ大学を出ていても、六〇歳くらいになると、このようにものすごく差がついています。年収の差も桁違いです。

では、どうしてそれほどの差がついてしまったのか。私の見るかぎり、「運」としかいいようがありません。同じ学校を出ているのですから、もともとは、それほど差はないと思いますが、三〇年、四〇年経つとものすごく違ってきてしまいます。

六〇歳くらいになって同窓会に出た人は、あまりにも格差が大きくなっていることに驚くはずです。年金などまったく必要としていない人もいれば、年金がなければ絶対に生活していけない人もいます。

しかし、若いときには、自分が将来どちら側の人間になるかはまったくわかりません。豊かな高齢者になるのか、貧しい高齢者になるのか。

貧しいほうの高齢者になった場合に備えて、最低限の生活費を得られるように保険を掛けておくことが必要になります。簡単にいえば、それが「年金保険」です。

さらにいえば、自分が何歳まで長生きするかもわかりません。それなりにお金を持っている人でも、長生きするとお金が足りなくなってくるかもしれません。

将来のことは誰にもわからないので、将来の生活に備えて、皆が国の年金保険に入ることになっているのです。

ただし、現役時代に支払う保険料が低く抑えられていますから、公的年金で受け取れる年金額は多くはありません。「ミニマム」と考えておいたほうがいいでしょう。「ミニマム」よりも豊かな生活をしようと思ったら、自分で老後に備えておくことが必要です。

将来に備えて、個人でやるべきことは?

では、個人としては、どんな対策をしておいたほうがいいでしょうか。

年金には「公的年金」と「私的年金」がありますので、まず、両者の違いを簡単におさらいしておきましょう。

様々な私的年金の商品が販売されていますが、私的年金は、貯蓄性が高く、保険機能はきわめて小さいという特徴があります。

もし、保険機能を大きくするのであれば、掛け捨てにしなければなりません。「六〇歳になったら年金をもらえますよ。でも、六〇歳前に亡くなったら掛け捨てですよ」という仕組みにすれば、保険機能が大きくなり、なおかつ、六〇歳を過ぎたときに比較的大きな金額の年金を受け取れます。

しかし、私的年金の場合、掛け捨ての商品をつくると売れません。ですから、貯蓄性の高い商品として設計されます。六〇歳前に亡くなっても、遺族には支払った保険料のかなりの部分が戻ってきます。損をすることはあまりない保険です。そのかわりに、六〇歳を過ぎて受け取るときに得をする部分も少なくなります。

私的年金は、掛け捨ての部分が少ないですから、保険の機能は小さくなっていて、将来もらえる保障額はあまり大きな額にはなりません。

一方、公的年金は、基本的には掛け捨ての発想です。六〇歳前に亡くなった場合は、生活費が必要なくなりますから、そういう人には支払わない考え方です（遺族年金は少し支払われます）。そのかわりに、一〇〇歳まで生きても、一一〇歳まで生きても、決まった額の年金をもらえます。総額にするとかなり大きな額となり、支払った保険料の額をはるかに超えます。

公的年金の場合は、基本的に「掛け捨て」であるために、保険機能はかなり高くなっています。一方、民間の私的年金は、掛け捨ての部分が少ないため保険機能は小さいけれども、貯蓄性は高い商品です。

そういう意味では、民間の個人年金の場合は、「資産運用」の性格が強いものです。公的年金のほうは、早く亡くなってしまったらもらえないわけですから、「資産運用」とはまったく性質が異なっています。

〈公的年金と私的年金の特徴1〉
- 公的年金→保険機能高い→貯蓄機能低い
- 私的年金→保険機能低い→貯蓄機能高い

公的年金はインフレヘッジという面でも、有利です。

私的年金は、自分が積み立てた保険料を将来受け取る「積立方式」ですから、運用が重要になります。運用で積立金が増えていかないと、インフレになったときに、大幅に目減りしている可能性があります。

公的年金は、現役世代の保険料が老齢世代の給付に充てられる「賦課方式」です。保険料も給付もインフレに連動する仕組みになっていますので、インフレになってもヘッジされています。

〈公的年金と私的年金の特徴2〉
- 公的年金→インフレに強い
- 私的年金→インフレに弱い（運用次第）

両者の違いをきちんと認識しておきましょう。

国民年金はわりとお得な年金

全国民が入る国民年金（老齢基礎年金）は、「もらえる金額が少ない」など、いろいろと文句をいわれることが多いですが、単純計算してみると、わりとお得な年金だということがわかります。本当は現在価値化して計算しなければなりませんが、わかりにくくなりますので、単純計算してみます。

平成二十八年度の一カ月当たりの国民年金保険料は、一万六二六〇円（平成二十九年四月からは一万六九〇〇円）です。年間にすると、一九万五一二〇円。四〇年間では七八〇万四八〇〇円となります。

受け取る国民年金の満額は、年七八万〇一〇〇円です。一〇年間受け取ると七八〇万円になります。つまり、一〇年で、だいたい元が取れるということです。

平均寿命は、男性が約八〇歳、女性が約八七歳です。六五歳から年金を受け取るとして、男性は平均一五年、女性は平均二二年受け取ります。一〇年くらいで元が取れるものを一五年、二二年受け取ることができますから、平均寿命くらいまで長生きできれば、けっこうお得です。

〈基礎年金（現在価値に直さない単純計算）〉
四〇年間の保険料＝約七八〇万円
一〇年間の受給額＝約七八〇万円

こんな「お得」な年金をもらう権利を、未納（滞納）で放棄してしまうなんて、あまりにもったいなくて、ちょっと考えにくいことです。

単純に計算すれば、平均寿命くらいまで生きた人はだいたい得をすることがわかるにもかかわらず、未納（滞納）の人がいるのは、制度が正しく理解されておらず、マスコミなどによって不安があおられているからではないかと思います。

「どうせもらえないから、保険料を納めたくない」という若い人もいますが、それが短慮であることは、本書で説明してきたとおりです。保険料を納めないと、もらえる金額がかなり少なくなるか、まったくもらえなくなるだけです。それでは困りますから、自分自身で国民年金でもらえる年金金額を上回るような運用をするしかありませんが、少なくとも私は、それに一〇〇％成功する自信など、とてもありません。

本来、公的年金は任意のものでなく強制徴収の対象です。年金不安をあおる言説にダマされることなく、まずは保険料を納めて、公的年金を老後資金のベースにすることです。所得が少なくて、どうしても納められないときには、保険料免除の申請をしましょう。

「年金の保険料を納めずに、生活保護をもらえばいい」と考えている人もいるかもしれません。基礎年金の額よりも、生活保護の金額のほうが多いですから、生活保護を受けたほうが得だと思われがちです。

しかし、生活保護を受ける人が豊かな生活をできるわけではありません。生活保護を受けるには、財産も調べられます。財産を持っている人は、「そのお金で生活しなさい」といわれます。ほとんど財産がない状態で、年金受給権もなく老後を迎えるのは、かなりのリスクです。生活保護をもらえればいいですが、将来の生活保護制度がどう変わっているかはわかりません。いずれにせよ、最低限のギリギリの生活となるでしょう。その生活を老後二〇年間ずっと続けることを想像してみると、かなりキツイことが予測できるのではないかと思います。

それよりも、公的年金保険料をきちんと支払って、年金受給権を得ておいたほうが、確実性が高くなります。

公的年金の場合は、現役世代の保険料負担が抑えられていますから、もらえる年金額は多くはありません。四四ページで述べたように、サラリーマンの人は、現役のときに給料の二割くらいを納め、老後に現役時代の平均月給の四割くらいをもらうと考えておけばいいでしょう。

「給料の四割」の公的年金だけでは足りないと思う人は、自分で私的年金に入るか、老後のための蓄えをしておくべきです。「公的年金」と「私的年金」を組み合わせて老後に備えるプランを考えておきましょう。

「税制の恩典」と「手数料」だけで決めてもいい

では、どのような基準で「老後の備え」を選べばいいでしょうか。私はそういう商品選びの専門家ではありませんが、私なら次の二つのポイントを見ます。

1　税制の恩典があるか
2　手数料がどのくらいか

非課税枠をめいっぱい利用するのが賢い老後資金づくりです。私は、不確実な要素を持つ利回りなどには一切着目せず、ほぼ「税制の恩典」だけで判断しています。唯一、確実なものは、税制上の恩典です。税制上の恩典があって、税金が安くなるなら、確実にその分は得をするのです。ぜひ税金が安くなる仕組みを利用しましょう。

たとえば、所得から保険料を全額控除してもらえる商品として、「確定拠出年金（個人型）」があります。主にサラリーマンが対象の商品でしたが、法改正によって、公務員や主婦も入れるようになりました。これは私の基準で考えれば、大いにお得です。

自営業者の場合は、「国民年金基金」に加入することができます。国民年金基金も保険料が全額控除されます。

「確定拠出年金（個人型）」も「国民年金基金」も、控除には限度額がありますが、限度額一杯まで使うとかなりの節税になります。

所得税は、課税所得が多い人ほど税率が高くなります。税率が二〇％の人の場合、所得控除を受けると、その分の税金を払わなくてもよくなります。言い換えれば、税金の恩典によって、二〇％分利回りが高くなるようなものです。

課税所得が四〇〇万円、限界税率が所得税二〇％、住民税一〇％の例を考えてみます。

勤務先に独自の年金制度がないサラリーマンの場合、個人型確定拠出年金を限度額の上限である年間二七万六〇〇〇円利用すると、所得税が五万五二〇〇円、住民税が二万七六〇〇円、合計八万二八〇〇円節税できます。この部分は、確実な儲けです。年収が高く、税率の高い人なら、さらに多くの節税ができます。

節税額は毎年積み上がっていきます。一〇年、二〇年と続けていくと、節税分だけでもかなりお得です。

自営業者の国民年金基金も、税金の恩典があります。自営業者は、公的保険としては一階部分の国民年金しかないため、国民年金基金が二階、三階の両方の役割を果たしています。国民年金基金の限度額は、月額六万八〇〇〇円とかなり高く、所得から全額控除されます。そのため、収入の多い開業医などが国民年金基金をよく利用しています。税金の恩典だけでかなり得をするからです。

自営業者の人は、国民年金基金と合わせて月額六万八〇〇〇円の限度額までなら、個人型確定拠出年金に入ることもできます。

年金を受給するときには、税金を取られますが、年金だけの生活者であれば、それほど多くの税金にはなりません。所得が多く税率が高い現役時代に、がんばって「確定拠出年金」や「国民年金基金」で税制上の恩典を積み上げておくと、老後に受け取るときには、税率が低くなりますから、かなりお得です。

〈税制の恩典の大きい商品〉
- 確定拠出年金（サラリーマン、公務員、主婦、自営業者など）
- 国民年金基金（自営業者など）

個人年金の場合は、控除額が低く抑えられています。新規に加入する人は、所得税の保険料控除が最高四万円、住民税の保険料控除が最高二万八〇〇〇円です。これに税率を掛けた分が節税になります。

先ほどと同じ例を使うと、年間二七万六〇〇〇円の個人年金に入った場合、所得税が八〇〇〇円、住民税が二八〇〇円、合計一万八〇〇〇円の節税です。全額控除できる確定拠出年金の八万二八〇〇円とは七万二〇〇〇円の差です。

税金の恩典は一番確実な利回りです。「この商品は、高い利回りで運用しています」といわれても、私なら、あえて無視します。今後も高い利回りで運用できるとはかぎりません。利回りの高さに目がくらまないようにして、確実にメリットのある税制上の恩典を重視したほうがいいと思っているからです。

高利回り商品でも、「手数料」が高ければ元も子もない

もう一つ、見逃されがちなのは、手数料です。税制上の恩典を受けられても、手数料をたくさん取られたら意味がありません。多くの金融商品は、販売会社の格好の手数料稼ぎにな

っています。

なかなか気づきにくいのは、一般の保険の手数料の高さです。

死亡保険（生命保険）の場合、死亡などの事故が発生したときに多額の保険金を受け取れますが、何も起こらなければ、掛け捨てになります。多額の保険金を受け取れるのは、何事もなく満期を迎える人が多いからです。保険金の額が高いので、気がつかない人が多いのですが、このような保険商品は保険会社がかなりの手数料を取っています。具体的な数字は書きませんが、その手数料率を知ったら驚く人が多いと思います。そうした保険商品は、保険のおばちゃんといわれる販売員を養うためになるのかと勘違いしてしまいそうです。

ちなみに保険商品には、大きく分けると、掛け捨て保険と、貯蓄型保険の二つがあります。貯蓄型保険とは、保障額はあまり高くないものの、満期になったときに解約返戻金が戻ってくるため、貯蓄のようなかたちになっているものです。

ただし貯蓄型保険は、中味をバラしてしまえば、「掛け捨て保険」と「投資信託」を組み合わせてつくられています。

貯蓄型保険の手数料は、商品によって違いますが、一〇％近いものもあると見られています。一般的に、投資信託の手数料は二～三％程度です。

「投資信託」の手数料が三％で、「投資信託」と「掛け捨て保険」を組み合わせたものが一〇％の手数料だとすれば、「掛け捨て保険」の手数料がいかに高いか、容易に想像できるはずです。

〈手数料〉
投資信託＜貯蓄型保険（投資信託＋掛け捨て保険）＜掛け捨て保険

最近になって、金融庁は、貯蓄型保険の手数料の開示を求めるようになりました。貯蓄型保険は、銀行窓口などで販売され、保険会社が銀行に手数料を支払っています。金融庁の開示要求に対して、手数料を開示されたくない地銀協は強硬に反対しました。それでも金融庁の意向によって、開示の方向に進んでいます。

私は、金融庁の人と会ったときに、「貯蓄型保険の手数料の開示をさせるなら、掛け捨て保険の手数料も開示させるべきではないですか」といったところ、相手は黙ってしまいました。「貯蓄型保険は、掛け捨て保険と投資信託のハイブリッド商品ではないのですか？」と聞いたら、その点は認めました。それならば、掛け捨て保険だけ手数料を開示しないのはおかしな話です。

すべての商品の手数料を開示させたほうがいいのですが、掛け捨て保険だけは、手数料が高すぎて開示できないようです。

今後、様々な金融商品の手数料が開示されていくはずです。手数料に敏感になることが、自分の資産を守ることにつながります。三％の手数料だとすると、三％以上の利回りの商品でなければメリットがありません。

ですから、私が金融商品を検討する際のポイントは、「税制上の恩典」と「手数料」なのです。この二つだけで判断してもいいとさえ、私は思っています。

税制の恩典が大きい「確定拠出年金」は、「手数料」次第

私は、大蔵省に入ったときに、振り出しが証券局でした。証券局の新人が担当する仕事の中に、一般顧客からの苦情処理がありました。とはいえ、もちろん当局に「こんなに儲かりました」といってくる人はいませんので、クレームばかりの偏った情報なのですが、それでも多くのことを知りました。

投資信託の手数料稼ぎの回転売買の実態もわかりましたし、保険商品が非常に高い手数料

を取っていることも知りました。証券会社や保険会社の手数料稼ぎの商品はたくさんあります。

多くの苦情を受けましたので、そのときのトラウマなのか、私は金融商品に対しては辛口です。

辛口の私がお奨めできる数少ない商品が、先ほど述べた「個人型確定拠出年金」です。税制の恩典があり、販売金融機関に支払う運営管理手数料が安いというメリットがあります。手数料をあまり取れないので、金融機関は確定拠出年金をそれほど積極的に販売してきませんでした。しかし、二〇一七年一月から、加入できる人が、公務員や主婦に拡大されたため、金融機関が積極的に販売するようになりました。金融機関は、低金利時代の収益確保が難しくなっています。確定拠出年金の資産は原則として六〇歳まで引き出せないため、安定収入になると考えて、金融機関が積極的に販売しはじめたのです。

確定拠出年金は税制の恩典がある商品ですが、販売会社選びと商品選びは慎重にしないといけません。

加入する際には、まず「運営管理機関」を選びます。「運営管理機関」は、商品の提示や記録の管理などを行なう金融機関です。運用するのは別の金融機関で、「商品提供機関」と呼ばれます。

加入者は、「運営管理機関」から提示された商品の中から選んで、毎月自分の掛け金を「商品提供機関」の商品で運用します。ハイリスク・ハイリターンの商品を選んでもいいですし、利回りは低くても元本割れしない安全な商品を選ぶこともできます。

気をつけるべき点は、「商品提供機関」に支払う手数料（信託報酬）です。信託報酬が年率〇・四％も取られるような投資信託ばかり提示するところを選ばないようにしましょう。せっかくの税金の恩典が、高い手数料で元も子もなくなります。


〈確定拠出年金の手数料〉

「運営管理機関」への手数料＋「商品提供機関」への手数料（信託報酬）

もう一つ気をつけなければいけないことは、確定拠出年金を入り口に、別の商品も売りつけてくる可能性がある点です。旅行、宿泊、買い物を優待価格でできるようにしたり、残高が一定以上などの場合に口座管理手数料を無料にしたりするなど、いろいろな特典を付けてくるところがあります。そういうところは、エサで釣って別の商品を売ろうとしていないか、よく見極める必要があります。相手は、変額保険のような手数料の高い商品や、税制の恩典のない投資信託を売りたいと思っているのかもしれません。

業者選びと商品選びは、慎重に行ないましょう。

「物価連動国債」でインフレヘッジを

公的年金は、賦課方式でやっていますから、インフレヘッジされていますが、積立方式の場合は、インフレヘッジが重要になります。個人で確定拠出年金に入る場合も、インフレ率よりも高い運用をしてもらわないと、受け取るときに目減りしていることがあります。

インフレヘッジという面で一番良い商品は、「物価連動国債」です。物価と連動している国債ですから、完全にインフレヘッジされます。

ところが、現在は、物価連動国債を個人が購入することはできません。もし物価連動国債を個人向けに売り出したら、年金に入る人がいなくなって困るのかもしれませんが。

私は、物価連動国債を個人が買えるようにすべきだと考えています。そうすれば、運用利回りが心配な民間の年金保険に入る必要がなくなります。しかし、保険会社や信託銀行が反対するので、財務省は個人向けに売り出そうとしません。

物価連動国債は、投資信託で買えるようになっていますが、投信を買う時点で手数料を取られますから、この仕組みではあまり国民のためになりません。

私が、国債課の担当であれば、ネット上ですぐに売り出したいくらいです。ネットで直接国民に売り出せば、あいだに入る証券会社も銀行もいらなくなります。これだけＩＴ技術が進んでいるのですから、直接国民に売るシステムを設計できるはずです。

金融機関を通さず、国が直接国民に物価連動国債を販売できるようにすれば、多くの国民がインフレを心配せずに、老後に備えることができるようになるでしょう。

ちなみに、私は物価連動国債の生みの親です。二〇〇〇年代のはじめ、経済財政諮問会議を担当していたときに、竹中平蔵大臣に強く進言して提言書に入れてもらいました。そのとき、財務省から抵抗が強くて、個人販売まで織り込めませんでした。この意味で、今でも個人販売が認められていないのは残念です。

次善の策として「変動利付国債」もある

物価連動国債を買えれば一番いいのですが、次善の策として、「変動利付国債」というものがあります。満期が一〇年ですが、最低金利が決まっていて、半年ごとに金利が変動します。この商品も、役人時代に制度設計で関わっています。

変動利付国債の金利はだいたい短期金利と連動します。現在は短期金利がマイナスですから、本当はマイナスに連動しなければいけないのですが、最低金利が〇・〇五％に固定されています。マイナス金利の現在は、この商品が一番お得です。

おそらく商品設計したときに、まさかマイナス金利になるとは思ってもいなかったのでしょう。そのため、最低金利がプラスになっています。

短期金利とほぼ連動しますから、金利が上昇すると、この国債の金利が上がります。インフレをあまり心配する必要のない商品です。マイナス金利になったときにも、金利がつきますので、ありがたい商品です。これは、今のようにマイナス金利環境では他の商品に比べてかなりのアドバンテージです。財務省の持ち出しになっているのだと思いますが、あまり販売額は大きくないですから、何とかなっているのでしょう。

将来に対して備えるときに、一番難しいのはインフレヘッジです。株式を買ってインフレヘッジする方法もありますが、どの銘柄の株を買うかを考えなければいけません。投資信託商品を選ぶのも大変です。

何も考えずに一番簡単にインフレヘッジできるのが物価連動国債、その次が変動利付国債です。国債は一度買ったら金融機関の口座に置いておくだけです。口座手数料はたいした額ではありませんから、一〇年間そのまま置きっ放しにすれば、自動的にインフレヘッジされるはずです。

〈インフレに強い商品〉

- 物価連動国債（投資信託商品）
- 変動利付国債

金融商品は、商品の特徴をよく知ることが大切です。特徴を知って、自分が求める保障に向いた金融商品を選ばなくてはいけません。年金の場合は、インフレヘッジという点も重要になります。

安全性の高い「公的年金」をベースにしながら、民間商品の特徴をうまく組み合わせて、老後のために備えておきましょう。加えていうならば、どうやって老後にも働けるかということも考えておくべきでしょう。それが自分自身のゆとりある暮らしと健康のためであるように思えてなりません。

最後にもう一度繰り返しますが、年金は、長生きしたときのために掛けておく「保険」です。きちんと保険を掛けておけば、安心して長生きすることができます。

自分自身、そして家族のための人生です。変な「思惑」に乗った情報に踊らされて、思わぬ「損」をこうむらないよう、ぜひ真実を知る努力を続けてください。

巻末資料――〈論文　転載〉

（注：「日野和一」「笠井隆」は、著者のペンネーム。詳しくは一三一ページ参照）

GPIF問題につながる指摘

日米金融協議の焦点、「年金運用問題」は財テクリスクに満ちている

（『金融財政事情』一九九四年十一月十四日号　より転載）

日米金融協議で、米国当局が主張しているテーマの一つが米国投資顧問によるわが国公的年金資金運用である。これに伴って、国内金融機関の業際問題にも発展しつつあるが、年金問題への基本認識が欠けてはいないか。

年金運用問題は修正積立方式に起因

誰でも老いを避けられないからこそ、老後の年金は多くの人の関心事である。年金は、受給者か

らみれば、若いときに掛金を支払い、老後にそれ以上の額の給付を受けるので金融貯蓄商品と同じである。掛金より給付が大きいのは、その間年金の支給者が掛金を積立金として運用するからである。ただし、これは私的年金の話である。

諸外国の公的年金では、若年層の支払った保険料（公的年金では掛金のことを保険料という）を老年層に給付、つまり所得移転（世代間扶養）しているので、積立金は少ない。

一般論として、諸外国においては、公的年金は制度の永続性によって受給権が保証されている賦課方式（給付の原資を現在の保険料で賄う方式）であるので、積立金が少なく所得移転による世代間扶養の役割に徹する一方、私的年金では積立金により将来の年金給付を確保する必要があるので積立方式（給付の原資を過去の掛金の積立金とその運用収入で賄う方式）を採用している。積立金は年金受給者各々の老後の給付に要する貯蓄の総計であるので、受給者の代わりに一括して運用することが重要になっている。

ところで、日本の年金をみると、私的年金には当然積立金があるが、公的年金である厚生年金（サラリーマンの年金）も私的年金を上回る積立金を有している。

これは、厚生年金において、急速な高齢化による保険料の急増を避けるため、制度が未成熟なうちは給付を上回る保険料を課して積立金を有し運用収入を得て、制度が成熟するにつれて徐々に賦課方式に移行する「修正積立方式」をとっているからである。このため、この積立金を巡る財テクビジネスが注目され、信託・生保と投資顧問（背後に銀行・証券がいる）との業際問題が生じている。

アメリカの要求は理論的に両立しない

こうした国内情勢を背景として、アメリカから、金融摩擦問題のなかで、公的年金の積立金の運用について米系投資顧問会社を参入させよとの要求が出されている（投資顧問参入要求）。

他方、この積立金は政府部門の貯蓄超過＝黒字の一因となり、民間の貯蓄超過とともに、ＩＳバランス論によれば、結果として日本の巨額な経常黒字を招いている。このため、アメリカは、貿易摩擦問題のなかで、その経常黒字の削減のために、政府による国債発行と公共投資の拡大も日本に求めている（公共投資拡大要求）。（なお、アメリカの社会保障基金は全額連邦債に運用され、おもに政府消費支出を賄っている）

この二つの要求の内容は、積立金の運用という観点から好対照である。

「投資顧問参入要求」は、収益率は多少高まる可能性はあるもののリスクのある運用となり、株式市場等への多少のテコ入れ効果はあるが、マクロ経済効果としては直接的には資本形成に資するものではない。

一方、「公共投資拡大要求」は安定的な収益になるリスクのない運用であり、マクロ経済的には直接資本形成に貢献するものである。

このため、これら二つの要求を両立させることはかなり難問である。たとえば、マクロ経済効果については、公共投資拡大要求に応えて、公的年金資金を財投を通じて融資し公共事業を行えば、マクロ経済効果としては国債発行と公共投資の拡大と同じになるが、この場合、積立金の財テク運用は不要となり、ましてや投資顧問会社の参入の余地はない。逆に、投資顧問参入要求に対して、広く投資顧問会社に財テク運用を開放すれば、その分、財投を通じる融資が減少し、十分な公共投資を確保できなくなる。

したがって、かりに要求を受け入れるとすれば、いずれか一つにならざるをえないが、日本経済の将来を思えば、「公共投資拡大要求」を選びたい。

その第一の理由は、社会資本整備の必要性である。日本の社会資本整備は都市部を中心に遅れており、アメリカの要求がなくとも、短期的な景気対策とは別に長期的な観点から進めていかなければならない。また、今後高齢化の進展とともに貯蓄率が低下することも予想されているが、まだ活力があり貯蓄率の高いままのうちに社会資本整備は行っておきたい。

なお、社会資本整備のために、一般会計による国債発行という手段もあるが、これは、政治的な思惑に左右され、非効率・硬直的な資源配分に陥る可能性がある。

ところが、財投を通じる公的年金の活用については、有償であるものの逆に効率性基準が優先されるため、政治的プロセスに惑わされず弾力的な資源配分ができるというメリットがある。さらに、これは、公的年金という強制貯蓄による資金調達であるが、国債と比べてクラウディングアウトによる金利の上昇を招く可能性は低く、この意味で金融・資本市場への攪乱は少ないであろう。

年金運用にはリスク管理が欠如している

次に、公的年金の財テクに係る各種の問題である。その第一はリスク管理の点である。私的年金では、インフレによる積立金の減価を防ぐために株式等財テク運用が必要であるが、その場合厳格なリスク管理のもとで行われている。

具体的には、積立金の現在額〔資産項目〕と将来給付の現在価値〔責任準備金…負債項目〕との差額をリスク許容バッファー〔各種準備金…負債項目〕として、リスクがその範囲で収まるよう財テク運用を行っている。これは、生保におけるソルベンシーマージンの考え方である。

ところが、公的年金の財テクについては、物価スライド制によるインフレヘッジ機能をもつので本来不要であるのに加え、かりに限定的に行うとしても、このようなリスク管理がない致命的な欠陥がある。

たとえば、予算書における厚生年金のバランスシートをみると、資産としては資金運用部預託金という形の積立金が計上されているが、負債には収支差額（＝利益）の累計が計上されているだけで、この積立金でカバーされるべき将来給付の現在価値は記載されていない（したがって、複式記帳の意味がまったくない）。

理論的には、全体の将来給付の現在価値から将来保険料（国庫負担を含む）で賄う給付の現在価値を差し引いた額を積立金でカバーされるべき負債とすべきであり、積立金とこの負債との差額にリスクが収まるように財テクは制限されるべきであろう（現実には財テクは厚生保険特別会計本体が行っているのではなく、年金福祉事業団が行っているが、同事業団サイドでもこのリスク管理の考え方を援用できる）。

ところが、全体の将来給付の現在価値は財政再計算の際に算出されていると思われるが、負債としての現在の積立金でカバーされるべき将来給付の現在価値やリスク許容バッファーはディスクローズされていない。

かりにこうした計算がなされたとしても、公的年金の財テクの上限は積立金の三分の一という「腰だめ」数字であって、リスク管理上の理論的根拠があるとは思えない。このような状況において、リスクのある財テクを行うことは、海図のない航海を行うのに等しく、必要ないばかりか、かえって過大なリスクを背負うことになる。実際、厚生年金は財テクにより巨額の含み損を抱えているといわれている。

財テク運用は決して許されない

第二に、積立金の運用は、長期的には年金給付の流動性準備のためにリスクを排した安全・確実性が求められている点である。実際問題として、厚生年金の積立金のうち厚生年金基金（サラリーマンの上乗せ年金）の代行部分を除いた厚生年金本体分の積立金は、一〇年足らずで減り始め、二〇年ほどでゼロになるという試算もあることを考えれば、株式運用のような中短期的なリスク・流動性コストがあるものは、年金財政の流動性管理の観点からも適切とはいえないであろう。

第三に、財テクにより、保険料を軽減しつつ、給付の引上げが可能であるとの誤った幻想をもたらす弊害がある。厚生年金の積立金は九〇兆円であるが、一人当りにすると二〇〇万円程度しかなく、全体の給付の一年分程度しかない。

公的年金の本質は世代間扶養であることからわかるように、給付の八割以上は若年層からの保険料であり、私的年金とは異なり公的年金の場合、積立金の運用収入に大きな期待をかけるべきではない。

最後に、公的年金は強制加入という点も考慮する必要がある。私的年金において、かりに積立金の財テク運用に失敗したとしても、私的年金であるがゆえに、年金の受給者にはまことに気の毒であるが、託した人が悪かったという自己責任の問題として処理することができる。しかし、公的年金では脱退の自由はなく、財テク運用の失敗は絶対納得できない。

いずれにしても、公的年金は、無用な財テク運用で傷を深める前に、世代間扶養の役割に徹してもらいたい。強制加入により税金と同じ保険料を徴収し、公共投資に使わずに財テクを行い、経常黒字となって貿易摩擦問題を引き起こし、リスク管理がないため運用に失敗するような公的年金であれば、行革によって民営化してもらいたい。

（日野和一）

「厚生年金基金問題」についての指摘

厚生年金基金は年金制度を冒すガンである

（『金融財政事情』一九九四年十一月二十一日号　より転載）

十一月十四日号では、公的年金には財テク運用は不適であることを指摘した。今回は、現在のわが国年金制度の問題点として、実態は企業年金という私的年金でありながら、公的年金である厚生年金の一部を「代行」する制度を俎上に上す。

運用問題が制度の欠陥を浮き彫りにする

最近の報道によれば、日米金融協議がいよいよ佳境に入っているようである。

官庁や業界の担当者は日夜大変であろうが、部外者からみると、意外に興味深いものが含まれて

図8　年金制度等の概念図

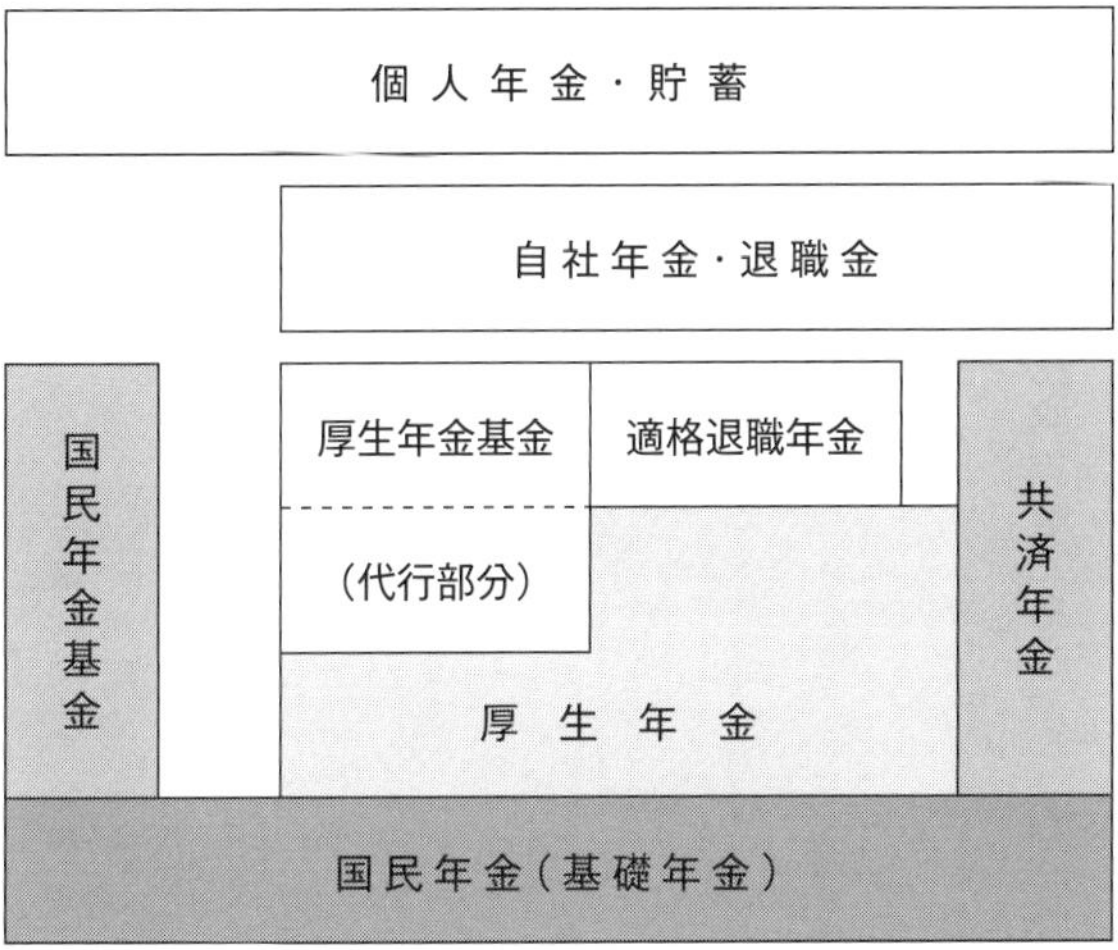

いる。その代表例は年金資産の運用問題である。

といっても、本邦系対外資系、信託・生保対投資顧問（銀行・証券）といった内外業際問題ではなく、運用問題を媒介としてみた年金制度問題である。年金資産の運用のあり方を検討すると、年金制度問題の本質が浮彫りにされる（図8）。

年金資産の運用問題において、おもなアメリカの要求は、各々の積立金の運用について、

①厚生年金では投資顧問会社を参入させよ（厚年要求）、

②厚生年金基金では（すでに投資顧問会社が参入しているので）運用規制を緩和せよ（厚年基金要求）、

③適格年金でも投資顧問会社を参入させよ（適年要求）、

という三点であると報じられている。

「厚年要求」については、本誌（十一月十四日号三六ページ）において現在の厚生年金では適切なリスク管理が行われていないことなどから投資顧問による財テク運用には重大な問題があることを指摘した。

そこで、ここでは、「厚年基金要求」と「適年要求」を通じて厚生年金基金と適格年金という企業年金のあり方を論ずることにしたい。

ところで、前回の議論の前提として、諸外国において、公的年金では制度の永続性によって受給権が保証されているので賦課方式〔給付の原資を現在の保険料で賄う方式〕をとり、積立金は少なく所得移転による世代間扶養（世代と世代を思いやりの心で結ぶこと）の役割に徹している。一方、私的年金では積立金により将来の年金給付を確保する必要があるので積立方式〔給付の原資を過去の掛金の積立金とその運用収入で賄う方式〕を採用しているが、積立金は年金受給者各々の老後の給付に要する貯蓄の総計であるので、受給者の代わりに一括して運用することが重要になっていることを紹介した。

企業年金の本質は私的年金である

しかし、日本では、厚生年金基金（サラリーマンの上乗せ年金）や国民年金基金（自営業者の上乗せ年金）について、それらは任意加入の積立方式で運営されながら「公的年金」と称されている。その証拠に、掛金の税制上の取扱いは社会保険料控除の対象とされ、テレビコマーシャルでも有名女優が「公的年金ですからお得」と加入を呼びかけている。しかしながら、それらは、いずれも任意加入で積立方式により自分の掛金で自分の老後をみる自助努力であるが世代間扶養の役割はない。このため、諸外国の基準からみれば「私的年金」といわざるをえない。なぜ、「公的」と称されているかといえば、それらが単に官製の制度であるからにほかならない。まずこの点を指摘しておきたい。

また、周知のとおり、適格年金は任意加入でその財政運営は積立方式となっている。したがって、厚生年金基金と適格年金のいずれも、世代間扶養の役割はなく、自助努力により自分の老後のために自分の掛金を積み立て、その運用が不可欠な要素となっていることから、「私的年金」であるといってもよいであろう（ただし、厚生年金基金の代行部分を除く）。

私的年金の積立金について、効率的な運用が必要であるため投資顧問会社の参入など運用委託先の多様化を図ることや自己責任に基づき運用を行うために運用規制を緩和することは基本的な方向として正しい。とりわけ、適格年金は私的な上乗せ年金としては世界中で採用されている標準的なスキームであり、運用委託先の多様化や運用規制の緩和をぜひとも推進すべきである。

厚年基金の代行制度は一元化に反する

ただし、厚生年金基金には、この考え方をストレートに適用できない事情がある。それは、厚生年金基金の代行制度である。つまり、厚生年金基金は、厚生年金の老齢年金給付を政府に代わって行い（代行）、さらにそれ以上（三割以上）の上乗せ給付を行う目的で設立されている。この結果、厚生年金基金の加入員は、厚生年金基金が代行している老齢年金給付に相当する保険料を政府に納めないで、その保険料を含む掛金を厚生年金基金に払い込むこととなり、その積立金の一部は厚生年金の資金ともいえるのである。

そもそも、この代行制度は、年金専門家から財政運営が技術的に困難であるなどの問題点が指摘されており、世界中でもイギリスを除き採用されていないきわめて特殊な制度である。また、日本では、なぜ代行制度が必要であるのか、これまでまともに議論されたこともなく、その理由は必ずしも明確ではない。しかるに、現行の代行制度は、次のような現実問題を抱えている。

まず第一に、代行制度は公的年金制度の一元化に反する。つまり、代行部分の保険料は本来厚生年金の給付のための原資となって世代間扶養のために使われるべきものであるが、代行制度のため脱漏してしまう。

一方、各種の公的年金制度全体を長期的に安定化させるために、年金制度間調整などを行いつつ、

図9　年金資産の将来推計

（単位：兆円）

	厚生年金 (a)	厚生年金基金 (b)	うち代行 (c)	厚生年金本体 (a-c)	適格年金 (d)	$\frac{b-c+d}{a}$
1995	133	46	23	110	23	0.34
2000	183	87	43	140	43	0.47
2005	230	163	81	149	81	0.70
2010	269	304	152	117	152	1.13
2015	300	568	284	26	284	1.89

一九九五年をメドに年金制度の一元化が進められている。ところが、今後代行制度による脱漏額は巨額になることが予想され、この一元化の足かせとなりかねない。

たとえば、一九九四年財政再計算による厚生年金の財政見通しや今後の厚生年金基金残高の伸びを一定（一三％程度）と見込み、代行部分をその半分として、将来の姿を試算すれば、あと二〇年程度で厚生年金の本体分の積立金はほとんどなくなる（図9）。

なお、二〇年後における企業年金残高と公的年金残高の比率、つまり厚生年金基金残高（代行部分を除く）と適格年金残高（厚生年金基金の代行部分と同じと仮定する）の合計と厚生年金残高（代行部分を含む）の比率は一・九程度であるが、これは現在のアメリカにおける企業年金残高と公的年金残高の比率とほぼ同じであり、この試算の妥当性を示すものといえよう。

厚生年金本体の財政を悪化させる

第二に、代行制度はいわゆる逆選択を生じさせ、厚生年金本体に悪影響を与える。厚生年金基金を設立した場合、政府に納めないですむ保険料を免除保険料というが、免除保険料でより有利な給付が可能になることがある。これはいわゆる代行メリットといわれ、一般的には年齢構成の若い加入者を有する企業が享受することが多い。このような企業は、厚生年金基金を設立し、代行部分は厚生年金本体から抜け落ちる。

この結果、厚生年金の本来の役割である世代間扶養に振り向けられる資金は減少するのみならず、抜け落ちた代行部分の代行メリットは、厚生年金本体のデメリットとなり、その財政を悪化させる。

第三に、厚生年金基金の事務管理費が高いことである。その理由は、代行事務があるからであるといわれているが、このような社会保険事務は、個々の厚生年金基金でバラバラに行うより、すべて国等の窓口で一元的に行うほうが効率的である。

第四に、厚生年金基金に係る資産運用制度や税制上の優遇である。厚生年金基金は、官製の制度であるがゆえに、これまで多くの税制上の優遇を受けてきた。もっとも、最近、適格年金に対する税制が改正され、一定の適格年金については、厚生年金基金と同様に代行給付の二・七倍相当額まで特別法人税が免除されているので、厚生年金基金と適格年金の差はかなり少なくなっている。

しかし、資産運用面では、厚生年金基金について、信託・生保による運用のほか、残高の三分の一まではあるものの、投資顧問会社による運用が可能である。一方、適格年金については、信託・生保による運用のみで投資顧問会社による運用は認められていない。諸外国では、企業年金といえば適格年金をいい、その積立金の運用は投資顧問会社に最もふさわしいものとされている。

運用緩和より制度改正を早急に

ここで、アメリカからの厚年基金要求と適年要求に戻ると、まず、適年要求はそれなりに理解でき、これに応じることは、公的年金と整合的な自助努力型の企業年金を育成する環境整備になり、長期的には日本にとってプラスであろう。

ところが、厚年基金要求は、厚生年金基金に代行部分があるという制度がネックになるが、そもそも代行部分があること自体が不合理なのである。厚生年金基金は、官業による典型的な民業圧迫であるばかりか、公的年金一元化の足かせとなり、厚生年金本体をも蝕むガン細胞である。運用規制の緩和どころか、一刻もはやく制度自体を見直すべきである。

（日野和一）

その他の寄稿論文・記事（本文略）

・厚生年金基金はやはりガンである（日野和一）
『金融財政事情』一九九五年三月六日号
・法改正してもサラリーマンの年金は危ない？
厚生年金の財テク運用は中止を「基金」のリエンジ避けられず（笠井隆）
『日経ビジネス』一九九五年二月十三日号
・欠陥だらけの厚生年金基金は解体せよ
意味なさぬ業界単位での設立「ポータブル型」が時代の流れ（笠井隆）
『日経ビジネス』一九九五年七月二十四日号
・厚生省年金行政に物申す
ドンブリ勘定の〝財テク行政〟で年金制度は崩壊する（笠井隆）
『Ｖｏｉｃｅ』一九九七年十一月号

PHP新書

PHP INTERFACE
http://www.php.co.jp/

髙橋洋一［たかはし・よういち］

株式会社政策工房代表取締役会長、嘉悦大学教授。1955年、東京都生まれ。都立小石川高等学校（現・都立小石川中等教育学校）を経て、東京大学理学部数学科・経済学部経済学科卒業。博士（政策研究）。1980年に大蔵省（現・財務省）入省。大蔵省理財局資金企画室長、プリンストン大学客員研究員、内閣府参事官（経済財政諮問会議特命室）、内閣参事官（首相官邸）等を歴任。小泉内閣・第一次安倍内閣ではブレーンとして活躍。2008年、『さらば財務省!』（講談社）で第17回山本七平賞受賞。
近著に、『戦後経済史は嘘ばかり』『経済のしくみがわかる「数学の話」』（以上、PHP研究所）、『数字・データ・統計的に正しい日本の針路』（講談社）など多数。

「年金問題」は嘘ばかり

（PHP新書1088）

ダマされて損をしないための必須知識

二〇一七年三月二十九日　第一版第一刷
二〇一七年六月　九　日　第一版第四刷

著者――髙橋洋一
発行者――岡　修平
発行所――株式会社PHP研究所
東京本部――〒135-8137　江東区豊洲5-6-52
学芸出版部新書課　☎03-3520-9615（編集）
普及一部　☎03-3520-9630（販売）
京都本部――〒601-8411　京都市南区西九条北ノ内町11
組版――有限会社メディアネット
装幀者――芦澤泰偉＋児崎雅淑
印刷所
製本所――図書印刷株式会社

ISBN978-4-569-83550-1

ＰＨＰ新書刊行にあたって

「繁栄を通じて平和と幸福を」（PEACE and HAPPINESS through PROSPERITY）の願いのもと、ＰＨＰ研究所が創設されて今年で五十周年を迎えます。その歩みは、日本人が先の戦争を乗り越え、並々ならぬ努力を続けて、今日の繁栄を築き上げてきた軌跡に重なります。

しかし、平和で豊かな生活を手にした現在、多くの日本人は、自分が何のために生きているのか、どのように生きていきたいのかを、見失いつつあるように思われます。そして、その間にも、日本国内や世界のみならず地球規模での大きな変化が日々生起し、解決すべき問題となって私たちのもとに押し寄せてきます。

このような時代に人生の確かな価値を見出し、生きる喜びに満ちあふれた社会を実現するために、いま何が求められているのでしょうか。それは、先達が培ってきた知恵を紡ぎ直すこと、その上で自分たち一人一人がおかれた現実と進むべき未来について丹念に考えていくこと以外にはありません。

その営みは、単なる知識に終わらない深い思索へ、そしてよく生きるための哲学への旅でもあります。弊所が創設五十周年を迎えましたのを機に、ＰＨＰ新書を創刊し、この新たな旅を読者と共に歩んでいきたいと思っています。多くの読者の共感と支援を心よりお願いいたします。

一九九六年十月

ＰＨＰ研究所